500만 독자 여러분께
감사드립니다!

세상이 아무리 바쁘게 돌아가더라도
책까지 아무렇게나 빨리 만들 수는 없습니다.

길벗은 독자 여러분이
가장 쉽게, 가장 빨리 배울 수 있는 책을
한 권 한 권 정성을 다해 만들겠습니다.

독자의 1초를 아껴주는
정성을 만나보세요.

미리 책을 읽고 따라해 본 2만 베타테스터 여러분과
무따기 체험단, 길벗스쿨 엄마 2% 기획단,
시나공 평가단, 토익 배틀, 대학생 기자단까지!
믿을 수 있는 책을 함께 만들어주신 독자 여러분께 감사드립니다.

홈페이지의 '독자광장'에 오시면 책을 함께 만들 수 있습니다.
(주)도서출판 길벗 www.gilbut.co.kr
길벗 이지톡 www.eztok.co.kr
길벗 스쿨 www.gilbutschool.co.kr

유튜브 크리에이터를 꿈꾸는
많은 분들이 믿고 선택한 책

『유튜브로 돈 벌기』 독자 분들의 생생한 도서 후기를 만나보세요!

실제 유튜버가 집필한 책이라 유튜브 운영에 유익한 내용이 무척 많았습니다. 유튜브 초보자를 위한 필수 입문서로 강력 추천합니다.

_mu4*03님

유튜브에 관심이 있는 사람이라면 반드시 구매해서 봐야할 소장 가치가 높은 책. 이 책보다 친절한 유튜브 책은 찾기 힘들 것 같아요.

_ark*9님

그 누구도 알려주기 쉽지 않은 크리에이터의 경험담. 성공부터 실패 사례까지 풍부한 유튜브 채널 운영 노하우가 녹아있는 책입니다.

_영*님

콘텐츠 기획, 영상 제작, 수익 창출 등 주제에 따라 알기 쉽게 정리되어 있어 찾아보기 너무 편했어요. 유의사항을 알려주는 팁도 유용했어요.

_무*다무*다님

유튜브를 통해 제품 홍보를 하고 싶어 구입했어요. 주제별로 정리가 잘 되어 있어 도움이 많이 되었습니다. 또 곳곳에 주의할 점을 알려주는 팁이 있어 매우 유용했습니다. 이제 유튜브로 콘텐츠 홍보를 넘어 수익 창출까지 기대해 봅니다.

_global*ook님

정말 유튜브로 돈을 벌 수 있을까? 반신반의 했었는데, 이 책을 보고 수익에 대한 확신이 생겼습니다. '유튜브로 돈 벌기' 덕분에 부업이 되는 취미 생활을 갖게 되어 무척 만족합니다.

_jha*mine님

유튜브를 즐겨보는 아이를 보면서 도대체 뭐가 그리 재밌는 걸까 궁금한 마음에 구입했었습니다. 이 책을 읽으면서 유튜브의 무궁무진한 잠재력에 대해 알았고, 나도 한번 해보고 싶다는 용기도 얻었습니다. 유튜브로 돈 벌기, 저도 도전합니다!

_y*ksj77님

아이가 말이야와 친구들 팬이라 책을 선물해 주었습니다. 며칠 동안 책을 곰곰이 살펴보더니 유튜브 채널을 뚝딱 만들었네요. 유튜브를 보기만 하는 것이 아닌 영상도 직접 올려보고, 친구들과 채널 공유도 해 보면서 유튜브의 즐거움에 대해 제대로 알아가는 것 같아 뿌듯합니다.

_n*af7님

유튜브 이제 시청만 하지 말고, 나만의 채널을 만들어 보세요. 이 책에서 설명하는데로 따라하기만 해도 유튜브 개설과 운용까지 쉽게 해낼 수 있어요.

_na*hi77님

YouTube

전면
개정판

대한민국 **TOP** 크리에이터,
'**유튜브 스타**'가 직접 알려주는

유튜브로
돈 벌기

말이야와 아이들 크리에이터, 친절한 혜강씨 **이혜강**
말이야와 친구들, 말이야와 게임들 크리에이터 **국동원** 공저

길벗

≡ 전면 개정판

유튜브로 돈 벌기

초판 발행 · 2016년 08월 30일
개정증보 4쇄 발행 · 2019년 09월 10일

지은이 · 이혜강, 국동원
발행인 · 이종원
발행처 · (주)도서출판 길벗
출판사 등록일 · 1990년 12월 24일
주소 · 서울시 마포구 월드컵로 10길 56(서교동)
대표 전화 · 02)332-0931 | 팩스 · 02)322-0586
홈페이지 · www.gilbut.co.kr | 이메일 · gilbut@gilbut.co.kr

기획 및 책임 편집 · 박슬기(suel3560@gilbut.co.kr) | 편집진행 · 황진주
디자인 · 이도경, 배진웅 | 전산편집 · 이도경 | 제작 · 이준호, 손일순, 이진혁
영업마케팅 · 임태호, 전선하 | 웹마케팅 · 차명환, 지하영
영업관리 · 김명자 | 독자지원 · 송혜란, 홍혜진
CTP 출력 및 인쇄 · 교보피앤비 | 제본 · 신정문화사

ISBN 979-11-87345-81-7 03320
(길벗 도서번호 006988)

가격 15,000원

독자의 1초를 아껴주는 정성 길벗출판사

(주)도서출판 길벗 | IT실용서, IT/일반 수험서, 경제경영, 취미실용, 인문교양(더퀘스트) www.gilbut.co.kr
길벗이지톡 | 어학단행본, 어학수험서 www.eztok.co.kr
길벗스쿨 | 국어학습, 수학학습, 어린이교양, 주니어 어학학습, 교과서 www.gilbutschool.co.kr

페이스북 | www.facebook.com/gilbutzigy
네이버 포스트 | post.naver.com/gilbutzigy

YouTube

대한민국 **TOP** 크리에이터,
'유튜브 스타'가 직접 알려주는

유튜브로 돈 벌기

전면
개정판

≣ **THANKS TO** ≣≣≣≣≣≣≣≣≣≣≣≣≣≣

이 책이 바깥 세상의 빛을 볼 수 있도록 도와준 길벗출판사와 늦어지는 일
정에도 언제나 친절함을 잃지 않았던 박슬기 차장님께 감사의 인사를 전합
니다. 또한 이 책의 원동력이 되어 준 '말이야와 친구들'의 출연진인 가족들
에도 감사함을 전합니다. 보이지 않는 곳에서 든든한 지원군이 되어 주시는
어머님(이영화)께 말로는 그 감사함이 다 전달되지 않겠지만 마음을 다해
감사의 인사를 전합니다. 부족한 저희를 언제나 지켜 주시고 좋은 길로 인도
해주시는 하나님께 영광을 돌립니다.

2019.03 이혜강, 국동원

잘 다니던 대기업에 사표를 던지다!

2014년 6월, 잘 다니고 있던 대기업을 그만두었습니다. 함께 일했던 사람들도 좋았고, 일이 아주 힘든 것도 아니었으며, 적지 않게 들어오는 안정적인 월급도 만족스러웠습니다. 하지만 단 한 가지, 하는 일이 재미없었습니다. 이 글을 보는 분들이라면 당연히 "누가 일이 재미있어서 하겠어."라고 생각하실 겁니다. 저 역시 '내가 하고 싶은 일을 즐기면서 하고 싶다.'는 것은 철없는 어린아이의 어리광 같다고 생각하기도 했습니다. 하지만 고민은 계속 되었고, 주변 사람들은 하고 싶은 일은 퇴근 후나 주말에 해 보라고 조언해 주었습니다. 그렇게 애써 순응하며 2년 6개월을 버티다가 결국 회사를 그만두었습니다. 정기적인 수입은 달콤했지만, 하루의 대부분을 회사에서 보내면서 하기 싫은 일을 억지로 하며 지내야 한다는 것이 괴로웠습니다. 결국 저는 돈은 적게 벌더라도 내 시간을 온전히 내가 좋아하는 일에 투자하겠다고 마음을 먹었습니다.

즐기자! 그리고 돈도 벌자!

퇴사 후 저의 가장 큰 목표는 내가 즐기면서 할 수 있는 일로 수익을 내는 것이었습니다. 만약 수익을 내지 못한다면 또 다시 하기 싫은 일을 해야 하기 때문이었죠. 하지만 제가 하려는 일로 돈을 번 사례가 많지 않아 모든 것이 새로운 시도였습니다. 먼저 블로그를 통해 제가 좋아하는 콘텐츠를 만들면서 저를 알렸습니다. 블로그가 유명해지자 기업체와의 제휴를 통해 콘텐츠를 제공하는 대가로 원고료를 받거나 블로그에 올린 콘텐츠를 토대로 기업과 대학 등에서 강의를 하게 되었습니다. 좋아하는 일로 돈을 벌 수 있다는 것에 감사했습니다.

일이 어느 정도 자리를 잡게 되자 남편이 했던 말이 떠올랐습니다. 회사를 그만두기 전, 남편에게 나는 내가 좋아하는 일을 하며 살고 싶기 때문에 사표를 내겠다고 얘기했습니다. 남편은 몇 번이나 반대했지만, 저의 완강한 의지에 포기하며 "나도 하고 싶은 일을 하며 살고 싶다."고 말했습니다. 저는 남편에게 "하고 싶은 일을 하고 살아. 회사 그만 둬도 괜찮아."라고 말했지만, 남편은 가정에 대한 책임감 때문에 회사를 절대 그만둘 수 없다고 했습니다. 하고 싶은 일을 하며 살고 싶다는 남편의 그 말이 계속 마음에 걸렸습니다. 좋아하는 일을 통해 안정적인 수익이 생긴 이후 남편 역시 자신이 좋아하는 일을 했으면 좋겠다는 생각이 들었습니다. 그래서 남편에게 '유튜브'를 제안했습니다. 유튜브를 제대로 해 본 적은 없었지만, 이미 성공 사례가 많이 있었고, 콘텐츠로 수익까지 얻을 수 있는 최상의 플랫폼이라고 생각했기 때문입니다.

남편과 유튜브 크리에이터 동업자가 되다!

가벼운 마음으로 유튜브를 시작했지만, 동영상은 꾸준히 올렸습니다. 3개월이 지나자 월 수익이 백만 원을 넘었습니다. 이후 남편 역시 퇴사를 하고 유튜브 크리에이터가 되었습니다. 남편에게 유튜브를 강력하게 권유한 이유는 좋은 콘텐츠에 시간을 투자하면 할수록 성장 가능성이 높아진다고 믿었기 때문입니다. 감사하게도 필자의 유튜브 채널은 계속 성장 중이며, 저와 제 남편은 좋아하는 일을 하면서도 회사에서 받던 월급보다 5~10배 이상 벌 수 있게 되었습니다.

여러분도 할 수 있습니다!

'유튜브'라는 플랫폼은 여러분들이 좋아하는 콘텐츠를 올리는 것부터 시작합니다. 그 콘텐츠는 여러분을 유명하게 만들 수 있고, 수익도 가져다 줄 수 있어요. 만약 기타치는 것을 좋아한다면, 기타치는 모습이나 방법 등을 동영상으로 제작해 유튜브에 올리면 됩니다. 하지만 단순히 영상만 올린다고, 수익이 저절로 따라오는 것은 아닙니다. 자신이 만든 콘텐츠를 다른 사람이 봤을 때도 재미있고 유익하다고 느낄 수 있도록 다듬는 과정이 필요합니다. 또 더 많은 사람들이 내 채널을 찾을 수 있도록 로고도 만들고, 검색이 잘 되도록 준비해야 합니다. 가게를 열면 간판을 걸고, 포털 사이트 지도에 주소를 등록해야 하는 것처럼 말이죠.

필자가 운영중인 '말이야와 친구들' 채널은 다른 채널에 비해 상당히 빠르게 성장했으며, 보유한 채널들의 동영상 총 조회수가 월 1억 3천만 뷰에 달합니다(2019년 2월 기준). 물론 운도 따라줬지만, 저희처럼 유튜브를 철저하게 분석한 사람들은 거의 없을 거라고 자부할 수 있을 만큼 다양한 실험과 분석을 통해 성공할 수 있는 노하우를 만들어 냈습니다. 유튜브에 영상을 등록하는 일은 어렵지 않지만, 수익을 목표로 제대로 돈을 벌어보고자 한다면 유튜브 사용은 상당히 복잡해집니다. 이 책에는 필자가 채널을 운영하면서 겪은 다양한 시행착오와 해결 노하우가 가득 담겨있습니다. 이 책을 통해 독자 여러분들은 저희와 같은 시행착오를 겪지 않고 콘텐츠에만 집중하여 좋아하는 일로 수익을 얻는 기쁨을 누릴 수 있었으면 좋겠습니다.

유튜브를 처음 시작하는 초보자도 쉽게 이해할 수 있도록 각 파트와 장별로 기능에 대한 설명과 함께 해당 기능을
쉽게 따라하며 실습해 익힐 수 있도록 구성했습니다.

유튜브 기능 이해하는_
본문 설명

저자가 유튜브를 직접 운영하며 익힌 노하우를
담았습니다. 유튜브를 운영하며 알아둬야 할 기
능을 친절하고 알기 쉽게 설명합니다.

알면 힘이 되는_
잠깐만요&TIP

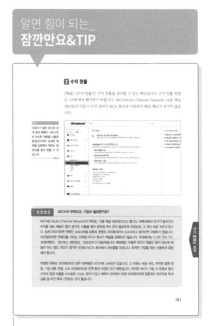

본문에서 설명한 내용 외에도 더 알아두면 좋은
팁이나 기능 및 독자들이 유튜브를 운영하면서
알아두면 힘이 되는 노하우를 소개합니다.

인기 채널의 노하우_
추천 유튜브 크리에이터

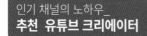

분야별로 인기있는 채널을 소개합니다. 추천 크리에이
터의 채널 운영 방법을 살펴보고 내 채널에도 적용해
보세요.

본문 중간에 독자가 궁금해 할 내용은 '잠깐만요'와 'TIP'에서 설명하고 있어요. 책을 학습하다가 궁금한 내용이 있거나 유튜브 운영 중 필요한 내용은 유튜브 Q&A와 목차에서 쉽게 찾아볼 수 있어요.

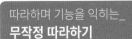

따라하며 기능을 익히는_
무작정 따라하기

앞서 설명한 내용을 따라해 보면서
유튜브 채널을 직접 만들어 볼 수 있어요.

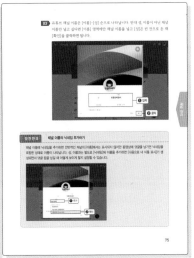

실습자료 다운로드하는 방법

이 책에서 실습하는 과정에 필요한 예제 자료 및 이미지 파일은 '길벗 홈페이지'에서 다운로드할 수 있습니다.

❶ 길벗 홈페이지(www.gilbut.co.kr)에 접속하세요. 로그인하지 않아도 자료를 다운로드 받을 수 있어요.

❷ 검색 창에 '유튜브로 돈 벌기'를 입력하고 [검색]을 클릭합니다.

❸ 검색 결과에서 해당 도서가 검색되면 [학습자료]를 클릭해 실습 파일을 다운로드하세요.

필자는 유튜브에서 총 6개의 채널을 운영하고 있으며, 이 중에서 대표 채널은 '말이야와 친구들'입니다. '말이야와 아이들', '말이야와 게임', '친절한 혜강씨', '국민', 'MariAndColors' 채널도 함께 운영하고 있습니다. 특히 '말이야와 친구들'과 '말이야와 아이들'(2019년 2월 기준)은 100만 구독자를 훌쩍 넘어섰어요.

어린이들을 위한
놀이, 교육, 챌린지 등을
소개하는 채널입니다.

영유아를 위한 장난감 놀이와
재미있는 체험 등을
소개하는 채널입니다.

재미있고 다양한 PC, 콘솔,
모바일 게임을 제공하며,
흥미진진한 게임 영상을
업로드하는 채널입니다.

콘텐츠 디자이너 이혜강의
디자인 정보를
공유하는 채널입니다.

◎ 각 채널의 주 시청자층

'말이야와 친구들' 채널의 주 시청자층은 초등학생입니다. 출연진 중에서 '말이야'는 필자 국동원이며 끼야는 필자 이혜강, 조카 로기, 또히, 미니와 아들인 국민이가 출연합니다. 초등학생의 눈높이에 맞춰 챌린지, 실험 등을 하며 즐겁게 노는 동영상을 유튜브에 올리고 있습니다. 반면 '말이야와 아이들' 채널에는 주로 국민이와 끼야, 말이야가 출연하고 주 시청자층은 영유아입니다. 어린 아이가 즐겁게 노는 자연스러운 모습 등을 담고 있습니다. '친절한혜강씨' 채널은 블로그에서 글과 사진으로 설명하기 어려운 파워포인트, IT 등을 강의 동영상으로 제공하고 있으며, 주 시청자층은 20~30대입니다. 유튜브를 시청하는 연령층에 맞게 알맞은 동영상을 올릴 수 있도록 채널을 세분화하여 운영하고 있습니다.

◎ 작업실 살짝 엿보기 & 채널의 출연진

현재는 전문스튜디오를 만들어 진행하고 있지만 유튜브를 시작한 후 2년 동안은 아래 사진처럼 집 거실에서 카메라 한 대와 책상에 한 대만 가지고 진행했습니다. 그리고 촬영할 때만 파란 천을 벽에 붙였죠. 출연진들의 시간을 맞추기가 어려워 주말 중 하루를 잡아 일주일 분량을 한꺼번에 찍고, 일상 영상은 시간이 날 때마다 촬영한 후 평일에 나누어 편집하고 있습니다.

▲ '말이야와 친구들' 채널의 촬영 현장 모습

'미니'는 5살 때부터 출연을 시작했는데 주말에 4~5시간 동안 동영상을 연달아 촬영하여 힘들 텐데도 집에 돌아갈 때면 더 찍고 싶다며 눈물을 글썽이고 언제 또 찍는지 물어볼 정도로 유튜 브 영상 촬영을 좋아했습니다. 처음에는 말도 잘 못하던 미니가 이제는 자연스럽게 동영상 진행 도 할 만큼 전문가(?)가 되었습니다.

▲'말이야'에 출연하는 미니

▲초등학생들에게 인기가 많은 또히, 로기(왼쪽부터)

출연자 중 '또히'와 '로기'는 사촌지간이며 동갑내기입니다. 처음에는 동영상 촬영을 어색해 했 지만 3년간 총 1,000여 개의 영상을 찍고 나니 진행 능력이 일취월장했고 말도 더욱 잘하게 되 었답니다. 이제 '말이야와 친구들'은 유튜브 뿐만 아니라 TV 프로그램에 고정 출연도 하고, 팬미 팅도 하면서 다양한 경험을 즐기고 있습니다.

◎ 채널 맛보기

출연진이 함께 챌린지를 하고, 장난감을 가지고 놀거나 신기한 만들기 활동을 주로 합니다. 때로는 누가 가장 웃긴지 시청자들의 의견을 받아 벌칙으로 짱구나 뽀로로 등의 캐릭터 분장을 하기도 합니다. '세상의 모든 재미'라는 모토로 즐겁게 놀 수 있는 모든 것을 영상으로 담아내고 있습니다.

필자는 유튜브 채널을 통해 좋아하는 일을 하면서 수익도 얻었습니다. 마찬가지로 출연진인 로기, 또히, 미니도 좋아하는 일도 하면서 유명해졌고요. 또한 출연한 영상별로 수익을 배분해 주기 때문에 수익도 얻고 있습니다. (물론 출연진이 미성년자이기 때문에 수익은 부모님이 대신 관리하고 있어요.)

▲장난감 개봉하기

▲벌칙으로 뽀로로, 크롱 분장하기

▲개구리알 키우기

▲수박젤리 만들기

유튜브 채널 관리를 잘 하려면 스튜디오를 제대로 다룰 줄 알아야 해요. 현재 유튜브에서는 베타 버전인 '스튜디오 베타'와 이전 버전인 '크리에이터 스튜디오 클래식'을 동시에 운영 중인데 두 버전 중 무엇이 더 낫다고 말하기는 힘들지만, 필자의 의견으로는 '크리에이터 스튜디오 클래식'이 데이터 분석과 관리에 더욱 용이하다고 생각하여 책에서는 이전 버전 중심으로 설명하고 있어요. 여기에서는 각각의 스튜디오 버전 변경 방법에 대해 모두 설명합니다. 또, 스튜디오 관련 페이지마다 팁으로 표시해 두었으니 참고하시기 바랍니다.

◎ 스튜디오 설정 변경하기

① '스튜디오 베타'에서 '크리에이터 스튜디오 클래식'으로 변경

유튜브 홈 화면에서 [내 채널] 아이콘-[Youtube 스튜디오(베타)]를 클릭하여 'Studio' 화면이 열리면 왼쪽 아래에 위치한 [크리에이터 스튜디오 클래식]을 선택하세요.

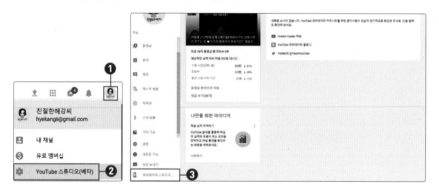

② '크리에이터 스튜디오 클래식'에서 '스튜디오 베타'로 변경

유튜브 홈 화면에서 [내 채널] 아이콘-[크리에이터 스튜디오]를 클릭하여 'YouTube' 화면이 열리면 [스튜디오 베타 사용해 보기]를 선택하세요.

목차

PART 01   왜 '유튜브'인가

PART 02   유튜브 동영상 제작을 위한 준비

PART 05 크리에이터 스튜디오

PART 07 구독자를 늘리는 채널 홍보

유튜브를 시작하기 전 뿐만 아니라 유튜브를 운영하면서도 여러 가지 궁금한 점이 생길 수 있습니다. 여기에서는 유튜브 크리에이터들이 궁금해 할 질문을 각 파트별로 뽑아 해당 내용을 쉽게 찾을 수 있도록 구성했습니다. 이 책을 본격적으로 읽어보기 전에 지금 제일 궁금한 내용을 Q&A 목록에서 먼저 찾아보세요. 또 이 책의 내용을 모두 따라해 본 후에도 가끔씩 궁금한 내용이 생기면 Q&A 목록에서 해당 내용을 찾아 빠르게 적용해 보세요.

PART 07
Q&A

PART 01
왜 '유튜브'인가

유튜브의 이해

'유튜브'란 무엇일까요? 유튜브는 얼마나 많은 가능성과 기회를 가지고 있을까요? 유튜브를 함으로써 내가 얻을 수 있는 것은 무엇일까요? 유튜브를 시작하기에 앞서 이러한 질문에 대한 답이 명확하게 잡혀 있어야 지치지 않고 꾸준히 좋은 성과를 얻을 수 있습니다. 왜냐하면 유튜브는 결코 쉽지 않기 때문입니다. 대신 유튜브는 쉽지는 않아도 누구나 할 수 있죠. 하지만 지속적으로, 지치지 않고 끝까지 해 내는 사람의 수는 적은 편입니다. 필자 역시 유튜브 채널 운영이 그 어떤 SNS 운영보다 어려웠지만 놀라운 성장 속도에 큰 재미를 느끼고 있습니다. 유튜브는 노력한 것 이상의 성과와 기회를 제공해주고 있기 때문이죠. 자, 이제 마음을 단단히 먹고 유튜브를 즐길 준비를 시작해 보세요!

'유튜브'란

'유튜브(YouTube)'는 전 세계 최대의 무료 동영상 공유 사이트로, 사용자가 동영상을 보는 것은 물론, 다른 사람의 동영상을 공유하거나 내가 만든 동영상을 직접 업로드할 수 있습니다. 2006년 구글의 수장 보이치키(Susan Wojcicki)는 당시 작은 스타트업에 불과했던 유튜브에 업로드된 동영상*을 보게 됩니다. 두 남학생이 방에서 립싱크를 하며 노래를 부르는 장면을 보고 앞으로는 전문적인 스튜디오 없이도 누구나 콘텐츠를 만들 수 있겠다는 생각을 하고, 6개월 후 16억 5천만 달러(약 1조 9천억 원)에 유튜브를 인수합니다. 당시만 해도 구글이 유튜브를 인수한 것에 의문을 가진 사람들이 대다수였습니다. 하지만 그녀의 예상은 적중했고, 방송국이나 영상 제작 전문 업체에서 대규모의 자본을 투자하여 만든 동영상이 아닌, 일반인들이 카메라나 핸드폰을 이용해 손쉽게 동영상을 찍고 유튜브에 올릴 수 있게 되었습니다. 현재 유튜브는 구글 다음으로 검색량이 가장 많은 사이트이고, 순 방문자 수가 10억 명 이상이며 분당 300시간 이상 분량의 영상이 업로드되는 대표적인 동영상 플랫폼으로 성장하였습니다.

*BSB 영상 (https://youtu.be/U3rdBLxsNT4)

왜 유튜브를 해야 하는가

가수 싸이를 세계적인 스타로 만들고 해체 위기에 있던 EXID를 인기 그룹으로 만들어 준 곳이 어디일까요? 바로 '유튜브'입니다. 이런 사례가 연예인들에게만 해당될 것 같지만, 사실 평범했던 사람들이 유튜브를 통해 인기와 수익을 얻는 경우가 생각보다 많이 일어나고 있습니다. 유튜브는 콘텐츠만 좋다면 전파력이 아주 강하기 때문이죠. 필자의 '말이야와 친구들' 채널도 유튜브를 통해서 아주 빠르게 성장했습니다.

유튜브는 미국에서 시작되었는데, 미국의 10대에게는 유튜브 스타가 할리우드 스타보다 영향력이 더 크기도 합니다. 미국 연예잡지인 〈버라이어티(Variety)〉는 2014년 8월 미국 10대 청소년(만 13~18세)을 대상으로 가장 영향력 있는 인물을 조사했습니다. 그런데 놀랍게도 TOP 10 안에 유튜브 스타가 총 6명 포함되었으며 그 중 상위 5명이 모두 유튜브 스타였습니다. 미국 사례이긴 하지만 가볍게 넘길 수 없는 이유는 국내 역시 어린 연령층부터 유튜브 시청 시간이 급격하게 늘어나고 있기 때문입니다.

유튜브에는 연예인 또는 그 이상으로 영향력을 발휘하는 사람들이 많습니다. 대표적인 예로 '퓨디파이(PewDiePie)'는 우리나라 인구 수보다 많은 8천 5백만 명(2019년 2월 기준) 이상의 구독자를 보유하고 있습니다. 한 달에 증가하는 구독자 수만 100만 명이 넘습니다. 한 사람의 구독자가 우리나라의 인구 수보다 많다는 점만 봐도 정말 대단한 영향력을 가진 것 같습니다.

유튜브는 콘텐츠 크리에이터와 광고 수익을 공유하기 때문에 엄청난 수익을 벌어 들이기도 합니다. 경제 전문지 〈포브스〉의 발표에 따르면 2017년 가장 수익이 높은 사람은 '다니엘 미들턴'(유튜브 채널 'DanTDM'의 크리에이터)으로 한 해 총 수입이 1,650만 달러(한화 약 180억 원)에 달한다고 합니다. 이러한 사례가 아주 특별한 경우라고 생각할 수도 있지만, 유튜브에서 연 1억 원 이상을 벌고 있는 채널이 4천 개 이상으로 추정됩니다. 국내에도 이미 수백 여 개의 채널이 유튜브 수익으로만 연 1억 원 이상을 벌고 있습니다. 최대의 동영상 플랫폼이라는 이유 때문에 유튜브를 선택할 필요는 없지만, 만약 자신의 브랜드를 알리고 콘텐츠를 통해 수익을 얻고자 한다면 유튜브를 시작하길 적극 추천합니다.

국내 유튜브 시장

국내에서는 영유아뿐만 아니라 초등학생이 유튜브를 시청하는 비율이 점점 높아지고 있는데, 2015년 기준으로 매월 2,700만 명이 유듀브에 방문하고 있습니다. 그만큼 영유아, 초등학생 그리고 10대들은 모바일, 동영상 콘텐츠에 굉장히 익숙하며 유튜브 스타는 이미 국내 10대들에게 많은 영향력을 끼치고 있습니다.

앞으로 우리나라에서 유튜브 동영상의 영향력은 미국처럼 점점 더 커질 것으로 예측됩니다. 단편적인 예로 국내 TV프로그램 <무한도전>에서 유재석이 어린 아이에게 자신을 아는지 물었는데 유재석은 모르고 유튜브 스타인 '도티'를 안다고 이야기한 것만 봐도 이미 어린이들에게는 연예인보다 유튜브 스타가 더 영향력이 있다는 것을 알 수 있습니다.

1인 콘텐츠 크리에이터에게 '유튜브'란

2011년 하반기에 유튜브는 중대한 발표를 합니다. 개인 사용자에게도 유튜브에서 발생한 광고 수익을 배분하겠다는 것입니다. 이 소식을 듣고 이미 콘텐츠를 갖고 있던 사람들이 유튜브로 뛰어들기 시작했는데, 대표적으로 '아프리카 BJ'가 있습니다. 아프리카 BJ는 실시간 방송을 통해 이미 많은 영상을 보유하고 있고 방송에 익숙하기 때문에 일반인들보다 쉽게 영상을 제작할 수 있는 사람들입니다. 대도서관, 양띵 등 유명한 BJ들이 '아프리카 TV'에서 실시간으로 방송을 하고 녹화분을 유튜브에 올리기 시작했는데, 그 수익이 월 수천만 원에 달하면서 유튜브에서도 돈을 벌 수 있다는 인식이 생기기 시작했습니다. 그때부터 본격적으로 1인 콘텐츠 크리에이터들이 유튜브로 모여들었습니다.

유튜브는 '구독'을 기반으로 하는 시스템입니다. 영상이 좋은 경우, 타 매체에 비해 구독자 수가 기하급수적으로 증가합니다. 이렇게 구독자가 늘어나고 두터운 팬층이 생기면서 1인 크리에이터의 영향력은 점점 커지게 됩니다. 국내에도 100만 구독자를 보유한 채널이 100여 개가 넘었습니다(2018년 8월 기준). 필자의 경우 '친절한혜강씨' 블로그를 약 5년 동안 운영하면서 9만 명 정도의 블로그 구독자가 생겼고 블로그 이웃의 증가로 네이버 전체 27위를 기록했습니다. 블로그에서는 아주 빠르게 성장한 편이었지만 유튜브 채널인 '말이야와 친구들'은 운영한지 단 9개월 만에 구독자 수가 15만 명을 넘어섰습니다. '친절한혜강씨'와 '말이야와친구들'은 주제의 유사성이 전혀 없었기 때문에 성장하는 데 서로 영향을 주지 않았는데도 말이죠. 즉 유튜브의 채널 성장 속도는 다른 어떤 매체보다 빠르며 두터운 팬층까지 보유할 수 있습니다.

사실 1인 콘텐츠 크리에이터에게 있어서 유튜브는 정말 좋은 플랫폼입니다. '친절한혜강씨'가 블로그 9만 명, 페이스북 5만 명, 네이버 포스트 3만 명, 오픈 캐스트 7만 명 등 약 24만 명의 구독자를 보유하고 있고 계속 콘텐츠를 제작하고 있지만, 해당 매체를 통한 수익은 5년간 200만 원이 채 되지 않습니다(이 금액의 전부는 네이버 블로그 광고비입니다). 즉 블로그에서는 아무리 내 콘텐츠가 인기가 있다고 하여도 직접적인 광고 수익을 얻기 힘들다는 것입니다. 하지만 유튜브에 올린 '말이야와 친구들'은 개별 영상 하나의 수익이 '친절한혜강씨' 블로그로 5년 동안 번 광고비를 넘는 경우가 많았습니다. 또한 2016년 6월 기준으로 **필자가 운영하고 있는 유튜브 전체 채널의 조회수는 월 2,500만 뷰에 달하는데, 이것은 '친절한혜강씨' 블로그의 5년간 페이지 뷰와 거의 일치합니다.** 물론 블로그 매체를 통한 광고비 수익은 거의 없었지만, '친절한혜강씨' 블로그를 통해 강의, 기고, 책출간 등의 다양한 기회와 수익을 얻을 수 있었습니다. 하지만 유튜브 채널인 '말이야와 친구들'은 아무래도 매체를 통한 수익과 더불어 절대적인 노출수가 많다보니 현재까지 경험하지 못했던 기회를 더 많이 경험하고 있는 중이며, 다양한 기업 제휴를 진행하고 있습니다. 마치 블로그를 운영하면서 5년간 천천히 왔던 기회가 유튜브 채널에 정착하고 5개월간 몰아서 오고 있는 느낌이라고 할까요. 그만큼 현재 유튜브의 영향력은 어떤 매체와도 비교할 수 없을 만큼 엄청납니다.

유튜브는 영원한가

'만약 유튜브 영상의 반응이 좋아서 유튜브 제작에 공을 들였는데 갑자기 유튜브가 없어진다면?'이라는 생각을 하는 사람도 간혹 있을 수 있습니다. 물론 IT 업계의 흐름은 너무나도 빠르고, 만약 유튜브가 그 흐름에 따라가지 못한다면 도태될 수 있지요. 사실 유튜브뿐만 아니라 1인 콘텐츠 크리에이터라도 언제나 시대 흐름을 잘 읽고 맞춰나갈 수 있도록 자기 자신을 발전시켜야 합니다. **하지만 1인 콘텐츠 크리에이터로 유튜브에서 성과를 얻었다면 유튜브라서 얻은 성공이 아닌 콘텐츠 본연의 힘이 있었기 때문이라는 점을 잊지 말아야 합니다.** 유튜브는 성장을 도와준 것이죠. 즉 유튜브와 같은 시스템은 시대에 따라 트렌드가 바뀔 수 있지만 콘텐츠는 달라지지 않기 때문에 담는 그릇에 맞게 바꿀 수 있는 준비만 되어 있으면 됩니다. 지금은 그 콘텐츠를 담는 그릇으로 대세인 유튜브 시스템을 활용하자는 것입니다.

나도 유튜브를 할 수 있을까

필자는 블로그를 통해 수많은 기회를 얻어 대학과 기업에서 강의도 하고, 책도 쓰고, 유튜브를 통해 콘텐츠로 수익을 얻고, 여러 기업들과 제휴를 맺게 되었습니다. 이렇게 필자와 같은 경우를 보면서 많은 사람들이 "나도 블로그 하고 싶어.", "유튜브 하고 싶어."라고 말합니다. 하지만 이내 "나는 만들 수 있는 콘텐츠가 없다."라고 말하며 포기하고 말지요. 사실 명확한 콘텐츠를 가지고 있는 사람은 거의 없습니다. 필자 역시 파워포인트를 잘해서 파워포인트 관련 일을 시작한 것이 아닙니다. 그냥 파워포인트가 좋아서 시작하게 되었고, 하다 보니 콘텐츠를 만드는 것이 재미있어서 계속 하게 되었으며 콘텐츠를 좋아해주는 사람들이 생기기 시작하자 바빠도 꾸준히 만들다 보니 어느 날 정말 파워포인트 전문가가 되었습니다. 유튜브 채널을 시작할 때, 영상을 한 번도 만든 적 없었지만 아쉬운 점을 보완해서 만들고, 여러 번 시도하다 보니 어떤 영상들이 인기가 있는지 자연스럽게 익히게 되었습니다. 절대 처음부터 잘하는 사람은 없습니다.

일단 좋아하는 주제로 시작해 보세요. 좋아한다는 이유만으로 몇 년을 꾸준히 하기는 어렵습니다. 하지만 블로그든, 유튜브든, 이렇게 공개된 곳에서 자신의 콘텐츠를 꾸준하게 올리다 보면 자연스럽게 내 콘텐츠를 봐주는 사람들이 생기고 그 힘으로 꾸준히 하게 되는 것입니다. 그러다 보면 그 분야의 전문가가 되겠죠. 필자는 온라인에 콘텐츠를 제작해서 만드는 것만큼 좋은 자기계발 도구는 없다고 생각합니다. 유튜브를 통해 인기도 얻고 수익도 얻으면 좋겠지만 만약에 열심히 했는데 원하는 성과가 안 나왔다고 해도 절대 손해보는 장사는 아닙니다. 왜냐하면 이미 그 과정을 통해 여러분은 더 발전했을 테니까요.

그런 여러분에게 이 책이 유튜브 시스템의 복잡한 실타래를 하나씩 풀어가면서도 더 높은 가능성으로 채널을 성장할 수 있게 도와주기를 바랍니다.

유튜브 해외 성공 사례

이제부터 살펴볼 사례는 즐겁게 콘텐츠를 만들고 많은 수익을 창출하고 있는 대표적인 유튜브의 채널입니다. 정확한 광고 수익은 시청자의 국가, 동영상 길이 등의 변수가 많으므로 알 수 없지만 조회수로 어느 정도 수익을 추정할 수 있으므로 대략적인 월 조회수를 표기하였습니다. 광고 수익은 여러가지 변수 요소가 있기 때문에 단가에 대해 정확히 말할 수 없지만 **국내 채널의 경우 대략적으로 1뷰에 0.5~2원 정도이며, 광고 시장이 발달한 미국, 유럽 등의 국가에서는 우리나라보다 2~4배 이상 높기도 합니다.** 광고 측정 기준에 대해서는 198쪽 Part 06의 유튜브 광고료 분석에 대한 내용을 참고하세요.

❶ 가족 성장을 담은 사례 _Kan&Aki's Channel

사남매가 출연하는 'Kan&Aki's Channel(https://www.youtube.com/user/potemi926)'은 가족이 함께 즐겁게 노는 모습을 영상으로 담은 채널입니다. 영상 작업이 거듭될수록 가족들과 함께 하는 시간도 늘고, 아이들의 진행 능력도 갈수록 향상되는 것을 볼 수 있습니다. 이렇게 가족의 일상이 담긴 채널의 구독자는 약 250만 명, 채널 누적 조회수가 약 50억 뷰(2019년 2월 기준)입니다. 한 달 조회수만 해도 월 8천만 뷰 이상이 나옵니다. 유튜브는 조회수에 비례하여 수익이 나오기 때문에 이 채널의 경우에는 월 수입이 고소득 직장인 연봉 이상일 것으로 추정할 수 있습니다.

❷ 평범한 대학생에서 인기 스타가 된 사례_하지메(はじめしゃちょ_Hajime)

평범한 대학생이었던 '하지메(https://www.youtube.com/user/0214mex)'는 유튜브에 영상을 올리면서 구독자 750만 명, 누적 조회수 약 59억 뷰(2019년 2월 기준)인 채널로 성장하며 일본에서 영향력 있는 인기 스타가 되었습니다. 혼자서는 해 볼 수 없는 기괴한 실험과 행동 등을 동영상으로 찍어 올리고 있는데, 예를 들어 편의점에 있는 모든 음료수를 종류별(총 305개)로 모두 섞어서 먹는 실험 영상을 올리거나 방 안에 풍선을 가득 채우기도 합니다. 영상을 매일 올리고 있으며, 영상마다 최소 150만 뷰 이상을 기록하며 사람들에게 큰 인기를 얻고 있습니다. 재미있는 점은 다른 분야의 광고 등을 자신의 콘텐츠에 녹이는 '네이티브 광고'도 자주 진행하고 있어 유튜브 외에도 수익이 더 많을 것으로 추측합니다.

잠깐만요   **'네이티브 광고'의 이해**

'네이티브 광고(native advertising)'는 광고를 콘텐츠화한 것으로, '브랜디드 콘텐츠(branded contents)'라고 하기도 합니다. 기존 광고와 달리 스토리를 입히거나 개그 코드 등을 더해 재미나 감동이 담긴 콘텐츠로 만드는 것이죠. 이런 콘텐츠는 시청자가 광고에 대한 거부감을 덜 가지고 상업적인 면도 어느 정도 이해하며 즐길 수 있다는 장점이 있습니다. 최근 유튜브 크리에이터들의 영향력이 커지면서 광고주들이 자사의 제품 혹은 서비스를 인기 유튜브 크리에이터의 콘텐츠에 자연스럽게 녹여 제작하는 경우가 많습니다. 단 네이티브 광고를 진행할 경우 후원과 협찬율 투명하게 명시하는 것이 좋습니다. 만약 협찬을 명시하지 않은 상태에서 시청자가 상업적인 의도를 알게 되었을 경우 채널에 대한 신뢰도가 떨어질 수도 있습니다. 유튜브 영상에서는 기업과의 제휴 영상에 '콜라보레이션(협업, collaboration)'이라는 용어를 많이 쓰고 있습니다.

❸ 아이의 놀이 모습을 담은 사례_Ryan's Toys Review

'Ryan's Toys Review(http://ryantoysreview.com)' 채널의 동영상을 보면 즐겁게 노는 아이의 모습에 저절로 미소를 짓게 됩니다. 그런데 놀라운 사실은 그저 자연스러운 일상을 담은 영상일 뿐인데 조회수가 4억 뷰를 넘기도 한다는 것입니다. 시작한지 4년이 조금 넘은 이 채널의 구독자는 약 1820만 명, 채널 조회수는 274억 뷰(2019년 2월 기준)이며, 월 7억 뷰 이상의 조회수를 기록합니다. 전체 유튜브 채널 중에서도 손에 꼽힐 정도로 조회수가 많이 나오는 채널입니다. 유튜브에서는 잘 짜인 완성도 높은 동영상이 인기를 얻을 수도 있지만, 친근한 일상, 주변에 있을 것 같은 이웃, 친구가 나오는 영상이 조회수가 잘 나오는 경우가 많습니다. 이처럼 가볍게 찍고 편집한 동영상이 오히려 유튜브 시청자의 취향에 잘 맞아 믿을 수 없을 만큼 높은 조회수가 나오기도 하기 때문에 누구나 유튜브를 쉽게 시작할 수있는 것이죠!

❹ 제품 리뷰부터 판매까지 하는 사례_VAT19

'VAT19'는 신기한 제품을 판매하는 웹사이트(www.vat19.com)입니다. 유튜브 채널(https://www.youtube.com/user/vat19com)에서는 단순히 제품을 판매하는 것이 아니라 해당 제품의 사용법 및 기능에 대해 동영상을 통해 보여줍니다. 일반적으로는 광고 영상은 조회수가 높지 않은 편인데, 'VAT19'의 경우 구독자는 590만 명, 총 조회수는 48억 뷰(2019년 2월 기준) 이상 나올 만큼 인기가 폭발적입니다. 동영상에서 소개된 제품은 실제 'VAT19' 웹사이트에서도 판매가 되고 있습니다. 정확한 판매량 수치는 밝혀지지 않았지만, 대부분의 제품 소개 동영상의 평균 조회수가 100만 뷰 이상이므로 판매에도 긍정적인 영향을 끼쳤을 것입니다.

'VAT19'는 제품 소개 영상이지만, 해당 영상에도 광고를 붙여 수익을 창출하고 있습니다. 동영상에 붙은 유튜브 광고로 수익을 얻고, 제품도 팔아 수익을 얻는, 꿩 먹고 알 먹는 채널의 대표 주자가 아닌가 싶습니다.

02 유튜브 주제 선정 및 순위 ⊙

유튜브에서 동영상의 주제 선정은 굉장히 중요합니다. 주제에 따라 동영상의 조회수와 구독자의 증가 속도가 달라질 수 있습니다. 이번 장에서는 내가 운영할 채널의 주제를 고민해 보고 유튜브에서 인기 있는 채널을 알아보는 방법에 대해 살펴보겠습니다.

운영할 채널의 주제 선택

일반적으로 연령층이 낮은 시청자가 많이 보는 주제인 '장난감'의 경우 어린이들의 반복 시청으로 조회수는 비교적 잘 나옵니다. 하지만 어린이들에게는 '구독'이라는 개념 자체가 없기 때문에 구독자 증가는 조회수 증가 대비 느린 편입니다. 반면 성인들이 많이 보는 주제인 뷰티, 패션 등은 조회수에 비해 구독자가 빨리 늘어나는 편입니다. 하지만 성인들의 경우 반복 시청 횟수가 어린이들에 비해 확연히 떨어지기 때문에 일정 조회수 이상은 잘 나오지 않는 편입니다.

매체에 따라 인기 있는 콘텐츠의 주제는 당연히 존재합니다. 유튜브 시청자들은 대부분 영상을 즐기기 위해 보는 경우가 많습니다. 교육용 콘텐츠가 유튜브에서 성공하기 어려운 이유가 이 때문입니다. 물론 다른 매체에 비해 높은 조회수가 나올 수는 있지만 다른 유튜브 영상에 비해서는 조회수가 낮은 편입니다. 필자의 경우 블로그에 있는 파워포인트 강의 영상을 찍어 유튜브에 올렸는데, 조회수가 적게는 3~4천 뷰, 많게는 2~3만 뷰 정도 나왔습니다. 물론 적은 조회수는 아니지만 유튜브로 수익을 얻고자 하는 사람들에게는 부족한 수치입니다. 만약 유튜브 채널을 운영하는 목적이 개인 브랜딩, 마케팅을 위한 것이라면 어떠한 주제라도 상관 없지만, **조회수로 수익을 얻고자 한다면 유튜브에서 인기 있는 주제를 선택해야 합니다.**

유튜브의 인기 있는 채널을 확인할 수 있는 사이트가 있습니다. 여기에서 소개하는 사이트는 유튜브와는 관계가 없으며, 유튜브 정보를 수집하여 일반 사용자들이 보기 좋도록 정리해 둔 사이트입니다. 해당 사이트에서 인기 있는 채널과 주제 등을 확인하면서 어떤 주제로 방향을 잡을지 결정해 보세요.

❶ Socialblade(http://socialblade.com/youtube)

Socialblade의 기준에 맞추어 채널 지수가 결정되고 그에 따른 순위를 확인할 수도 있습니다. **순위는 최근 채널의 인기도에 따라 결정되므로 최근 인기 있는 채널을 파악하기에 좋습니다.**

무작정 따라하기 01 | **Socialblade 사이트에서 인기 순위 확인하기**

01 Socialblade(http://Socialblade.com/youtube) 사이트에 접속합니다. 순위를 확인하고 싶다면 [TOP LISTS(상위 리스트)]를 클릭한 후 [Top 100 YouTube Channels(상위 100 유튜브 채널)]를 클릭합니다.

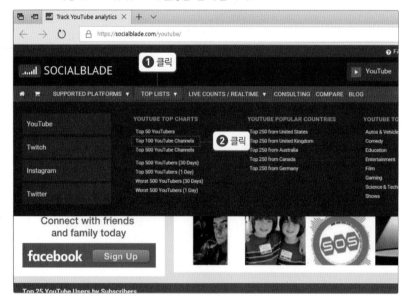

02 전 세계 인기 있는 채널을 조회할 수 있습니다. 기본적으로는 Socialblade에서 지정한 지수로 정해진 순위인 [Sorted by GB Rank]로 되어있는데, 정렬 방식을 원하는 대로 바꿀 수 있습니다.

03 [TOP 250 BY COUNTRY(나라별 Top 100)]에서 [Korea South]를 선택하면 국내 순위도 확인할 수 있습니다.

04 자세히 보고 싶은 채널이 있다면 채널 이름을 클릭합니다.

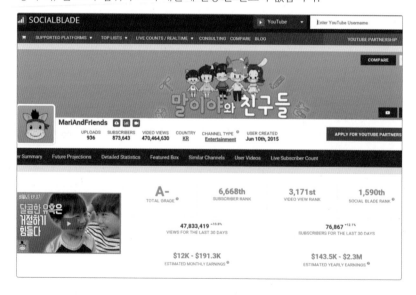

05 채널 이름을 클릭하면 월 조회수 및 한 달 동안 증가 또는 감소한 구독자 등의 채널에 대한 전반적인 정보를 확인할 수 있습니다. 'ESTIMATED EARNINGS(예상 수익)'은 오차 범위가 크기 때문에 신경 쓸 필요가 없습니다.

Socialblade에서 원하는 채널이 이름으로 검색되지 않을 때 찾는 방법

채널 ID로 검색하기

찾고 싶은 채널을 검색해도 나오지 않는다면 유튜브 채널 ID를 입력해서 들어갈 수 있습니다. 채널 ID를 확인하기 위해서는 해당 채널 홈 화면에 들어갑니다. 채널 ID는 주소 표시줄의 'Channel' 뒤에 나타납니다.

Socialblade 사이트 우측 상단의 검색창에서 유튜브 채널 ID를 입력하고 [Enter↵] 를 누르세요.

영화 리뷰

백수골방 https://youtube.com/user/imyouralba

영화를 관람하면서 미처 발견하지 못했던 장면의 이면을 발견할 수 있는 영화 리뷰 채널입니다. 막상 해당 영화를 보았을 때는 생각해 보지 못했던 내용이나 놓던 장면을 다시 찾아볼 수 있게 해주는 채널로, 영화를 보기 전이나 본 후 언제라도 볼 거리가 많아 좋은 채널입니다. 또한 크리에이터의 듣기 좋은 목소리 덕분에 많은 팬도 보유하고 있습니다. 얼굴이 나오지 않고 목소리만 나오는 채널을 제작하고 싶다면 꼭 참고하길 바랍니다.

▶ '백수골방' 채널 화면

더빙

장삐쭈 https://www.youtube.com/channel/UChbE5OZQ6dRHECsX0tEPEZQ

채널 운영을 시작한 지 채 한 달도 되지 않아 구독자 수 5만 명, 조회수 500만 뷰를 돌파한 인기 채널입니다. 원본 만화의 내용과는 전혀 다른 느낌의 병맛(묘한 웃김) 더빙을 하는데, 마치 원작처럼 내용이 자연스럽습니다. 크리에이터의 본업은 따로 있지만, 연습삼아 만들어 본 더빙이 짧은 기간 안에 많은 사람들에게 재미를 주면서 유튜브 채널이 급격하게 성장하였습니다. 사실 유튜브는 오랜 시간 꾸준하게 콘텐츠를 만들어야 빛을 보는 경우가 많은데, 장삐쭈 채널은 특출난 재능으로 단기간에 성공한 사례입니다. 이제는 기존의 만화를 활용하는 것을 넘어 애니메이션 그림을 다른 사람에게 의뢰하여 영상을 자체적으로 제작하고 있습니다. 콘텐츠의 힘과 영향력이 얼마나 커졌는지 알 수 있겠죠?

▶ '장삐쭈' 채널 화면

PART 02
유튜브 동영상 제작을 위한 준비

동영상 제작 전 준비사항

초보 유튜브 크리에이터의 경우 동영상을 유튜브에 업로드하려면 무엇부터 준비해야 할지 막막합니다. 우선 '영상 장비'와 촬영한 영상을 편집할 수 있는 '프로그램', '컴퓨터(또는 스마트폰)'가 필요합니다. 이후 영상을 촬영하다가 좀 더 화면이 예쁘게 나왔으면 좋겠다는 생각이 든다면 조명, 녹음기기, 배경 등의 장비를 추가로 구입해 활용할 수도 있습니다. 선택은 본인의 몫이지만 다음의 내용을 참고하여 어떤 것들이 필요한지, 어떤 기준으로 기기를 선택해야 하는지 살펴보고 내게 필요한 것들을 찾아보세요.

1 동영상 편집 프로그램 선택

유료 편집 프로그램

동영상을 편집할 수 있는 대표적인 프로그램으로는 애플의 '파이널 컷 프로 X(Final Cut Pro X)', 어도비의 '프리미어(Premiere)', 소니의 '베가스(Vegas)'가 있습니다. 유튜브에 업로드하는 영상은 전 세계에 공개적으로 배포되므로 동영상 편집 프로그램을 사용할 때에는 향후 저작권 관련 문제가 발생하지 않도록 정품을 사용할 것을 추천합니다.

	애플 파이널 컷 프로 X Final Cut Pro X	어도비 프리미어 Premiere	소니 베가스 Vegas Pro
맥 호환	O	O	X
윈도우 호환	X	O	O
가격	299.99달러	월 23,100원	599.95달러
구입 경로	애플 스토어	어도비 사이트 https://www.adobe.com/kr/products/premiere	소니 크리에이티브 소프트웨어 사이트 http://www.sony creativesoftware.com/vegaspro

▶유료 편집 프로그램 정보

여기서 소개한 프로그램들은 일정 기간 동안 무료로 사용할 수 있는 시험판을 제공하므로 시험판을 설치하여 사용해 본 후 본인에게 맞는 영상 프로그램을 구입하는 것이 좋습니다.

대중적으로 많이 쓰는 프로그램은 '파이널 컷 프로 X(Final Cut Pro X)'와 '어도비 프리미어(Adobe Premiere)'입니다. **파이널 컷 프로 X는 한 번만 결제하면 영구적으로 사용할 수 있으며, 어도비 프리미어는 매달 사용료를 결제해야** 하기 때문에 장기적으로 이용하기에는 부담스러울 수 있습니다. 하지만 **어도비 사의 포토샵, 일러스트레이터, 애프터이펙트 등과 호환성이 뛰어나다는 것이 장점이며**, 월마다 일정 금액을 결제하여 어도비 사의 모든 프로그램을 사용할 수도 있습니다. 프로그램 구입 가격은 변동될 수 있으니 구매 시 최종적으로 확인해 보세요.

무료 편집 프로그램

장기적으로 편집 프로그램을 사용할 때에는 유료 편집 프로그램을 구입하여 사용하는 것이 좋지만, 유튜브에 업로드할 동영상을 본격적으로 편집하기 전에 먼저 무료 편집 프로그램을 사용해 보면서 영상 편집에 대한 감을 익히는 것이 좋습니다. 다음은 무료로 쓰기 편리한 대표적인 영상 편집 프로그램을 정리한 표입니다.

	아이무비 iMovie	뱁믹스
맥 호환	O	O
윈도우 호환	X	O
다운로드 경로	맥에 설치된 소프트웨어 또는 애플 스토어	뱁션 사이트 http://www.vapshion.com/ vapshion/php/downloadpage.php

▶무료 편집 프로그램 정보

맥 사용자라면 '아이무비(iMovie)'를, 윈도우 사용자라면 '뱁믹스'를 추천합니다. 최신 윈도우 OS에서는 기존에 제공하던 '무비메이커'를 더 이상 제공하지 않습니다. 만약 본인 컴퓨터에 무비메이커가 설치되어 있다면 사용해도 좋습니다. '뱁믹스'는 무료로 간단한 컷을 편집하거나 자막을 넣기에 편리합니다. TV 방송에서 자주 보던 자막 스타일은 유료로 이용할 수 있습니다. 맥 사용자의 경우 자막만 쓸 수 있는 '뱁션'을 사용할 수 있습니다.

잠깐만요 **동영상 편집 프로그램을 좀 더 쉽게 익힐 수 있는 강의**

아직은 국내에 동영상 편집 프로그램을 학습할 수 있는 강의가 다양하지 않습니다. 하지만 프리미어 프로그램의 경우 유료와 무료 강의가 모두 많은 편이라 강의를 들으며 쉽게 시작할 수 있습니다. 만약 영어 강의를 듣는 데 문제가 없다면 영어로 설명하는 파이널 컷 프로(Final Cut Pro) 강의도 추천합니다.

• **프리미어(Premier) 무료 강의**
  비됴클래스: https://www.youtube.com/user/wkwkwk1205

• **파이널 컷 프로(Final Cut Pro) 강의**
  프리미엄 비트(Premium Beat): http://www.premiumbeat.com/blog
  로켓스톡(ROCKETSTOCK): https://www.rocketstock.com

---

2 동영상 편집 시 필요한 컴퓨터 최소 사양

동영상을 편집하는 데 필요한 컴퓨터의 최소 사양은 일반 편집 프로그램의 최소 사양 이상이면 충분한데, 일반적으로 윈도우 운영체제는 윈도우 7 버전 이상, 메모리는 4GB 이상이면 됩니다. 하지만 이는 어디까지나 최소 사양일 뿐, 더욱 원활한 작업을 위한다면 좋은 성능을 갖출수록 유리합니다. 성능이 좋지 않을 경우 버퍼링 시간이 오래 걸리거나 프로그램이 강제 종료되는 경우가 많기 때문입니다. 원활한 영상편집을 위한다면 아래 표를 참고하여 본인의 예산 내에서 최대한 좋은 사양의 컴퓨터를 준비하는 것이 좋습니다.

	파이널 컷 프로 X Final Cut Pro X	어도비 프리미어 Premiere	소니 베가스 Vegas Pro
운영체제	OS X 10.10.4 버전 이상	윈도우 7 버전 이상, Mac OS X versions 10.9 이상	윈도우 7 버전 이상
메모리	4GB (8GB 이상 추천)	4GB (8GB 이상 추천)	4GB (8GB 이상 추천)
여유 공간	4.15GB	4GB	1GB
참고 사이트	http://www.apple.com/ kr/final-cut-pro/specs	https://helpx.adobe.com/ premiere-pro/system- requirements.html	http://www.sony creativesoftware.com/ vegaspro/techspec

▶영상 프로그램별 컴퓨터 최소 사양

3 동영상 촬영 방법에 따른 장비 선택

동영상 제작에서 빠질 수 없는 과정이 바로 유튜브에 업로드할 동영상의 원본 영상 촬영입니다. 영상을 촬영하는 방법으로는 크게 '실물 촬영'과 '화면 촬영' 이 있습니다. 각각의 촬영 방법에 따라 필요한 장비는 무엇이고, 어떻게 사용하 는지 알아봅시다.

실물 촬영의 경우

실물 촬영은 전체적인 영상의 완성도를 좌우하는 촬영으로, 조명과 카메라의 영향을 많이 받습니다. 물론 유튜브에서는 영상의 완성도 자체가 조회수나 시 청 시간에 큰 영향을 미치지는 않지만, 장기적으로 내 채널의 브랜딩을 유지하기 위해서는 일정 수준 이상의 영상 완성도를 갖는 것이 좋습니다.

유튜브를 처음 시작한다면 먼저 본인이 가진 스마트폰을 이용해 동영상을 촬영해 보는 것을 추천합니다. 간단한 조명을 이용해서 구도만 잘 잡으면 스마 트폰으로두 충분히 완성두 높은 영상을 만들 수 있습니다. 실제로 유튜브 크리 에이터 '더 로그(The Log)'는 초기 유튜브 업로드용 동영상 대부분을 갤럭시, 아 이폰 등의 스마트폰만으로 촬영했습니다.

다음 동영상   자동재생 ⚪

아이폰6s vs 아이폰6 누가 누가 빠를까? [4K] (iPhone 6s vs 6 Speed Comparison Review)
The Log
조회수 14,656회

아이폰 6s vs 갤럭시 노트5 [iPhone 6s vs galaxy note 5] 비교!
J 류나
조회수 175,721회

창현 아이폰6S 개봉기 iphone 6s review Korea bjummma Mukbang eating show
BJ 창현
조회수 163,082회

애플 아이폰 6s 리뷰 [4K]
UNDERkg
조회수 177,094회

갤럭시 S6, S6 엣지 깨알 기능
Samsung Newsroom
조회수 48,175회

더로그 언박싱] 설현폰 SKT Sol(솔) 개봉기 (SKT Sol Unboxing)
The Log

아이폰6s vs 갤럭시S6 누가 누가 빠를까? (iPhone 6s vs Galaxy 6s Speed Test)
The Log
✓ 구독중 👍 8,838
42,662

▶ 스마트폰의 동영상 촬영 기능으로 업로드한 사례 (https://youtu.be/VjmFTRFI-P4)

　　대다수의 유튜브 방문자들은 PC보다 스마트폰으로 동영상을 즐겨보기 때문에 스마트폰에서 영상의 결과물만 본다면 스마트폰과 비디오카메라 영상의 질적 차이가 느껴지지 않을 수도 있습니다. 하지만 스마트폰 혹은 비디오카메라로 촬영하는 경우 각각 장단점이 있습니다.

	미러리스 하이엔드 카메라	DSLR, 풀프레임 미러리스 카메라	비디오 카메라	액션 캠코더
종류				
특징	• 비교적 가벼움 • 렌즈 교환 가능 • 대부분 셀카 지원	• 비교적 무거움 • 메인 카메라 • 실내 촬영에 적합	• 장시간 촬영(30분 이상) 가능 • 외부 촬영 시 유리	• 액티비티, 여행 시 활용 • 화질이 떨어지는 단점
추천 주제	뷰티, 일상	고퀄리티의 화질이 필요한 주제	다양한 주제	여행, 액티비티
주요 제품	• 소니 A5100 • RX100 m3 • 삼성 NX3000 • 캐논 100D • G7	• 캐논 70D • 소니 A7 • 파나소닉 GH4	소니 캠코더	• 고프로 • 소니 액션캠 • 샤오미 액션캠

먼저 스마트폰은 어디서든 간편하고 간단하게 촬영할 수 있는 장점이 있지만, 오랜 시간 촬영할 경우 발열이 생길 수 있고 저장 용량이나 화질에 한계가 있습니다. 반면 비디오카메라의 경우 오랜 시간 동안 지속적으로 촬영할 수 있고 스마트폰보다 저장 용량이나 화질이 낫지만, 추가로 구매해야 하기 때문에 비용이 듭니다. 따라서 장시간 동안 완성도 높은 촬영을 한다면 42쪽의 표를 참고하여 사용 목적에 따라 가격과 성능을 꼼꼼히 비교한 후 구매하길 추천합니다.

잠깐만요   **카메라 혹은 캠코더를 구매할 때 확인할 사항**

- **셀카 모드(180도 회전 액정 틴트)**
  동영상 촬영 시 화면을 보면서 촬영하는 것이 편하기 때문에 액정 화면이 셀카 모드로 전환되는지 여부가 중요합니다. 보통 미러리스 혹은 하이엔드 카메라, 캠코더는 셀카 모드를 지원하는 반면, DSLR은 지원하지 않는 경우가 더 많습니다. 만약 카메라에 셀카 모드가 없다면 핸드폰에 연결하여 화면을 볼 수 있는지 여부를 확인해 보세요. 그리고 셀카 모드 또는 핸드폰 연결 기능을 지원하지 않는다면 촬영중인 화면을 거울에 반사시켜 보는 것도 하나의 방법입니다.

- **광학식 손떨림 보정**
  카메라가 움직일 때 렌즈도 함께 움직이는 기능으로, 촬영 시 영상의 흔들림을 최소화시켜 주는 기능입니다. 외부 촬영을 자주 하거나 카메라를 직접 들고 촬영할 일이 많다면 광학식 손떨림 보정 기능이 있는 기기를 선택하세요. 손떨림이 보정되면 시청자는 촬영된 영상을 볼 때 안정감을 느낄 수 있습니다.

- **초점 속도**
  피사체를 빠르게 추적하여 초점을 맞출 수 있는지 확인해야 합니다. 일반 사진을 찍을 때는 초점이 다소 늦게 맞아도 잠시 기다리면 되지만, 영상을 촬영할 때 초점이 늦게 맞으면 흐름이 끊기게 됩니다. 또 음성이 들어갈 경우 편집하기에 애매한 경우도 있습니다. 초점 속도는 AF(자동 초점, Auto Focus)의 영향을 많이 받으므로 실제로 장비를 만져보고 초점이 빠르게 맞는지 반드시 확인하세요.

화면 촬영의 경우

게임 방송이나 컴퓨터 화면 영상을 촬영하려면 화면을 녹화하는 프로그램이 필요합니다. 대표적인 **화면 녹화 프로그램으로는** '캠타시아(Camtasia)'와 '라이트 캠(Lite Cam)'이 있지만 유료 프로그램입니다. 사실 화면 녹화의 경우 특별한 기능이 많이 필요하지 않습니다. 따라서 오캠과 같은 무료 프로그램만으로도 충분히 화면 녹화가 가능하니, 무료 프로그램이나 시험판 등을 먼저 사용해 보고 필요에 따라 유료 프로그램을 다운로드해서 업그레이드하는 방법을 추천합니다.

잠깐만요 **대표적인 화면 촬영용 무료 프로그램_오캠**

사용자들이 많이 쓰는 프로그램은 대부분 비상업적인 용도로만 사용이 가능합니다. 화면 촬영 프로그램이 상업적인 용도로 사용할 수 없도록 사전에 고지한 경우 법적인 문제가 생길 수 있습니다. 따라서 프로그램을 상업적으로 사용할 경우 반드시 프로그램의 용도 허용범위를 꼭 확인해야 합니다.

'오캠(http://ohsoft.net/ko/)'은 개인의 경우 무료로 사용이 가능하므로 유튜브에 업로드될 동영상을 촬영할 때에 활용하면 좋습니다. 단, 기업이나 단체, 공공기관, PC방에서는 본 프로그램을 사용할 경우 라이선스 구매 후 사용하길 바랍니다.

▶ '오캠'의 홈 화면

---

4 동영상 촬영에 필요한 조명 선택

동영상을 처음 촬영하려는 사람이 어떤 장비를 가장 먼저 사야 하냐고 필자에게 묻는다면 주저 없이 '조명'이라고 말할 수 있습니다. 특히 실내에서 영상을 촬영하는 경우 카메라의 종류보다 조명의 차이가 영상의 완성도에 훨씬 큰 영향을 미칩니다. 만약 집에서 영상을 촬영한다면 먼저 집의 형광등부터 촬영에 알

맞은 종류로 바꾸고, 집에 있는 스탠드를 활용해 보면 어떨까요? 좀 더 전문적인 조명을 구매하고 싶다면 아래 표를 참고하세요.

	LED 조명	스탠드형 조명
형태		
장점	크기가 작아서 이동이 편리하고 크기에 비해 매우 밝다.	반사지가 있기 때문에 눈부심이 거의 없다.
단점	눈부심이 있다.	부피가 커서 공간을 많이 차지한다.
추천 주제	제품을 촬영하거나 뷰티 분야 촬영을 하는 경우에 좋다.	사람을 촬영하는 경우에 좋다.
주요 제품	룩스패드22	형광등 라이트 PDL-0402

5 녹음에 필요한 마이크 선택

영상 제작 시 '녹음'은 조명만큼 중요합니다. 실물 촬영의 경우 스마트폰이나 카메라에 있는 마이크 기능을 이용해 녹음하기 때문에 특별한 경우를 제외하고는 별도로 마이크를 구매할 필요가 없습니다. 하지만 **화면 촬영의 경우 컴퓨터에서 기본적으로 제공하는 마이크 기능이나 헤드셋에 달려 있는 마이크로도 녹음이 가능하지만, 영상의 완성도를 높이는 데 '음질'이 꽤 중요한 부분을 차지하므로 마이크를 별도로 구매하는 것을 추천합니다.** 2~5만 원 대의 저렴한 마이크를 구입하면 나중에 다른 제품을 추가로 구매하게 되는 경우가 많으므로 처음부터 10~15만 원 대의 마이크를 구입하는 것을 추천합니다.

▶인프라소닉 UFO

▶SAMSON

잠깐만요 **영상 촬영 장비를 무료 혹은 저렴하게 대여할 수 있는 곳**

동영상을 제작하기 위해 처음부터 고가의 장비를 구매하는 것이 매우 부담스러울 수 있습니다. 따라서 정부에서 운영하는 기관에서 무료, 혹은 저렴하게 장비를 대여하거나 장소를 대관해서 사용해 보는 것도 좋은 방법입니다.

• **콘텐츠코리아랩**(https://www.ckl.or.kr)
콘텐츠를 제작하는 사람들을 위해 지원하는 곳으로, 시설이 좋습니다. 지점마다 조금씩 차이는 있지만 편집실, 촬영실 등의 공간과 장비를 무료로 대여할 수 있습니다. 카페처럼 콘텐츠를 제작할 수 있는 공간과 다양한 콘텐츠 관련 강의가 열리고 있으니 꼭 한번 방문해 보세요.
* 소재 지역 : 서울, 인천, 경기, 경북, 대구, 전북, 부산(자세한 위치는 홈페이지 참고)

• **시청자미디어재단**
가입 후 2시간 교육을 이수하면 최대 8일까지 촬영 장비를 무료로 대여할 수 있습니다. 촬영 시 필요한 공간 대여도 무료로 진행하고 있으니 가까운 곳이 있다면 방문해 보는 것도 좋습니다.

서울	http://kcmf-seoul.or.kr/comc	광주	http://www.comc-gj.or.kr/comc
부산	http://www.comc.or.kr/comc	대전	http://blog.naver.com/medianuri
인천	http://blog.naver.com/incheoncomc	강원	http://blog.naver.com/gangwoncomc

• **그 외 저렴한 비용으로 장비를 대여할 수 있는 곳**
부천시민미디어센터: http://www.bcmc.kr
수원시영상미디어센터: http://www.swmedia.or.kr/index.asp

동영상 제작 시 소스 활용 방법

동영상을 제작할 때 단순히 영상을 자르고 붙이기만 한다면 단조로울 수 있습니다. 적절한 배경음악과 이미지를 삽입하고 폰트를 다르게 하는 등의 작업으로 영상을 다채롭게 만들 수 있습니다. 그렇다고 인터넷에 있는 영상 소스를 무작정 사용하면 안 되며 반드시 저작권을 확인 후 활용해야 합니다. 영상을 제작할 때 중요한 저작권과 저작권에 영향을 받지 않는 좋은 영상 소스를 구하는 방법에 대해 살펴보겠습니다.

1 저작권의 이해

동영상을 제작할 때 가장 신경써야 하는 부분 중 하나가 바로 '저작권'입니다. 유튜브는 전 세계 시청자를 대상으로 운영하는 사이트이므로, **유튜브에 업로드하는 동영상이 국내뿐만 아니라 해외 저작권에 위배되는지 여부를 반드시 확인할 필요가 있습니다.** 왜냐하면 유튜브에 올리는 영상은 상업적 저작물에 해당하기 때문입니다. 따라서 동영상에 영상 소스, 이미지, 음원, 폰트 등을 사용할 때에는 각별히 주의해야 합니다. 아래 표를 통해 저작물의 사용 가능 범위와 의미를 확인해 보세요.

표시	사용 범위	의미
ⓒⓒ	공유	저작물을 공유하며 자유롭게 사용할 수 있음.
ⓘ	저작권 표시	저작자 이름, 출처 등 저작자에 대한 사항을 반드시 표시해야 함.
Ⓢ	비영리	저작물을 영리 목적으로 이용할 수 없으며, 비영리 목적으로 이용 가능함.
ⓔ	2차 변형 금지	저작물을 변경하거나 저작물을 이용한 2차적 저작물 제작을 금지함.
ⓞ	동일 조건 변경 허락	동일한 라이선스 표시 조건 하에서 저작물을 활용한 다른 저작물 제작 허용함.

저작권 보호 대상

아래의 항목은 저작권의 영향을 받기 때문에 반드시 상업적 사용 가능 여부를 확인할 필요가 있습니다.

- TV프로그램, 영화, 온라인 동영상 등의 시청각 작품
- 음원 및 음악 작품
- 강의, 기사, 책, 음악 작품 등의 저술 작품
- 그림, 포스터, 광고 등의 시각 작품
- 비디오 게임 및 컴퓨터 소프트웨어
- 연극, 뮤지컬 등의 극 작품

유튜브 동영상 중에는 다른 사람의 영상 콘셉트나 아이디어를 그대로 따라 하는 경우가 있습니다. 하지만 이 경우 저작권을 침해한 것으로 보지 않습니다. 아이디어를 내고 영상을 제작한 사람 입장에서는 억울하겠지만, 아이디어나 사실, 절차 등에는 저작권이 적용되지 않기 때문입니다. 그러다 보니 유튜브에서는 '패러디'도 하나의 인기 있는 장르로 인정됩니다. 만약 **저작권의 보호를 받고 싶다면 첫째, 저작물이 창의적이어야 하고 둘째, 실재하는 매체에 보관되어 있어야 한다는 점을 기억해 둡시다.**

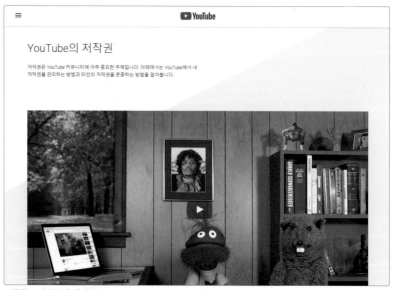

▶'유튜브 저작권 센터' 사이트

유튜브에서 저작권을 침해했거나 침해를 당해 저작권 용어 등과 관련하여 도움을 얻고 싶다면 '유튜브 저작권 센터(https://www.youtube.com/yt/about/copyright)' 사이트를 방문해 보세요. 저작권과 관련된 용어나 문제 발생 시 대응할 수 있는 방법이 자세히 설명되어 있습니다.

2 저작권 침해 걱정 없는 소스 활용

유튜브에서 제공하는 무료 음원 이용

유튜브 동영상을 제작할 때에는 상업적으로 사용할 수 있는 무료 음원을 사용해야 합니다. 만약 저작권이 있는 음원을 사용하게 되면, 유튜브의 자체적인 필터링 시스템에 의해 해당 영상을 올릴 수 없게 되거나 영상으로부터 얻은 수익을 저작권자에게 지급해야 합니다. 그러므로 **내가 만든 영상을 통해 광고 수익을 얻고 싶다면 반드시 무료 음원을 사용해야 합니다.** 영상에 음악을 사용할 때에는 유튜브에서 제작자들에게 제공하는 무료 음원을 최대한 활용해 보는 것도 방법입니다.

TIP+
스튜디오 버전이 다르게 표시되는 경우 부속 12쪽의 '유튜브 채널 관리 전, 꼭 읽어보세요!'를 참고해 스튜디오 설정을 변경 후 실습을 따라하세요.

유튜브 시작 화면에서 [내 채널] 아이콘-[크리에이터 스튜디오]-[만들기]-[오디오 라이브러리]를 차례로 클릭하고 [무료 음악] 탭을 클릭하면 유튜브에서 무료로 제공하는 음악을 영상에 자유롭게 사용하고 수익을 낼 수 있습니다.

▶유튜브에서 무료로 제공하는 음악을 사용할 수 있는 [오디오 라이브러리]의 [무료 음악] 탭

49

단 [저작자 표시] 아이콘()이 붙은 경우에는 반드시 저작권자를 표시한 후 사용해야 합니다. 효과음은 '음향 효과'에서 다운로드할 수 있습니다.

무료 음원/효과음 제공하는 사이트 이용

유튜브에서 제공하는 무료 음원이나 편집 프로그램(예를 들어 파이널 컷 프로, 프리미어 등) 이외에 무료로 음원이나 효과음을 제공해 주는 사이트에서도 다운로드할 수 있습니다.

무작정 따라하기 02   **무료 효과음이나 음원을 제공하는 사이트 이용하기**

• GRSites(무료 효과음 다운로드)
GRSites는 2천여 개의 효과음을 무료로 다운로드하여 사용할 수 있는 사이트입니다. 단 기업, 공공기관 등에서 상업적으로 활용한다면 라이선스를 구매하고 사용하는 것이 안전합니다.

01 GRSites(http://www.grsites.com/archive/sounds/) 사이트에 접속한 후 [Browse Sound Effects]의 내림 단추를 클릭하여 찾고 싶은 효과음의 카테고리를 선택합니다.

▶GRSites의 [Archives] 탭 화면

02 [재생] 버튼(▶)을 누르면 해당 효과음을 미리 들어볼 수 있습니다. 마음에 드는
효과음을 선택하였으면 [Download as]에서 'WAV' 혹은 'MP3'의 파일을 선택
해 클릭합니다. 영상 제작 환경에 따라 호환되는 파일이 다르므로, 본인의 제작
환경에서 호환되는 파일 형식을 선택해 사용하는 것이 좋습니다.

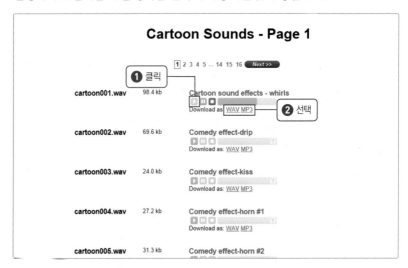

파일 형식을 클릭한 후 [재생] 아이콘(▶)을 마우스 오른쪽 버튼으로 클릭합니다. [오디오를 다른 이름으로 저장]을 클릭한 후 원하는 위치에 파일을 저장합니다.

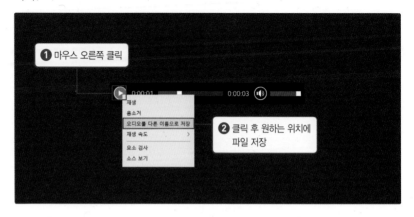

• freesound(무료 효과음 또는 음원 다운로드)

freesound 사이트에서도 아래와 같이 무료 효과음과 음원을 다운로드해서 활용할 수 있습니다.

01 freesound(http://freesound.org) 사이트에 접속한 후 [Sounds] 탭을 선택해 원하는 음원을 선택합니다.

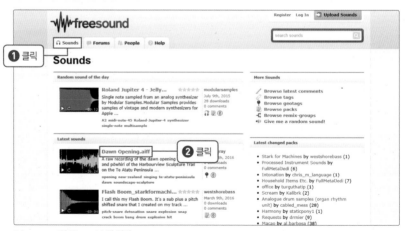

▶freesound의 [Sounds] 탭 화면

02 음원을 미리 듣고 다운로드하고 싶다면 [Login to download] 버튼을 클릭합니다. 참고로 음원을 다운로드하기 위해서는 먼저 회원가입을 해야 합니다. 회원가입 후 로그인을 하면 기존의 [Login to download] 버튼이 [Download] 버튼으로 변경됩니다.

• 그 외 음원 또는 효과음을 무료로 다운로드할 수 있는 사이트

Musopen	https://musopen.org/music
까칠한 클래식	http://www.kkacl.com/md
Incometech	http://incompetech.com/music/royalty-free
Audionautix	http://audionautix.com

유료 음원이나 효과음을 제공하는 사이트

무료 음원이나 효과음이 아쉬운 경우 비용을 지불하여 원하는 수준의 음원이나 효과음을 사용할 수 있습니다. 유튜브 초기에는 무료 다운로드 사이트를 활용하는 것을 추천하며 향후 더 높은 수준으로 영상을 제작하고 싶을 때 참고하기 바랍니다.

• Audio Blocks (http://audioblocks.com)

Audio Blocks 사이트는 '말이야와 친구들' 채널에서 매월 결제하며 사용하는 음원 사이트입니다. 수준 높은 효과음과 음원을 매달 결제하여 무제한으로 사용할 수 있어 편리합니다.

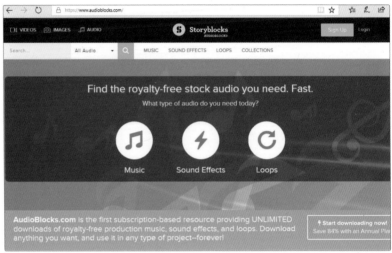

▶Audio Blocks 사이트 홈 화면

• AudioJungle (https://audiojungle.net)

필요한 음원을 개별 구매할 수 있는 사이트입니다.

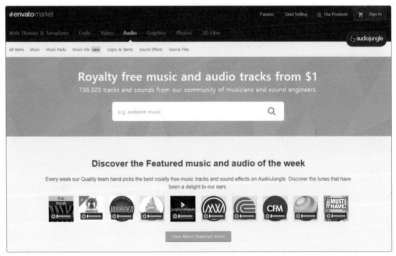

▶AudioJungle 사이트 홈 화면

유료로 구매한 음원이 저작권 보호로 걸리는 경우

유료로 구매한 음원임에도 불구하고 '저작권 보호 콘텐츠 포함'으로 수익이 창출되지 않는 경우가 발생하기도 합니다. 이 경우 아래와 같은 방법으로 문제를 해결할 수 있습니다.

❶ [크리에이터 스튜디오]-[동영상 관리자]-[동영상]에서 해당 영상을 찾은 후 [저작권 보호 콘텐츠 포함]을 선택합니다.

❷ [이의 제기]를 클릭합니다.

❸ 해당되는 항목에 체크 표시하고 [계속]을 클릭합니다. 유료 사이트에서 음원을 구매한 경우 '라이선스가 있거나 저작권 보유자로부터 사용할 수 있는 허가를 받았습니다.'에 체크 표시를 합니다.

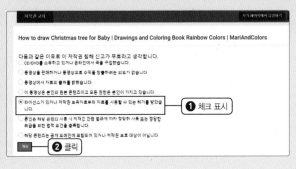

애요사 제작

55

❹ 이상이 없다면 '라이선스가 있거나 허가를 받았으며 소유권 주장에 이의를 제기합니다.'에 체크 표시한 후 [계속]을 클릭합니다.

❺ 관련 항목은 모두 체크 표시하고 [이의 제기 사유]에는 어느 사이트에서 구매했는지 표기합니다. 전자 서명으로 사용할 이름에 본인 이름을 기입하고 [계속]을 클릭합니다.

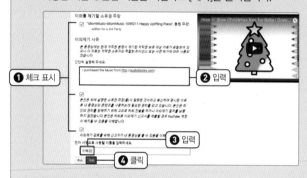

❻ [이의제기 제출]을 클릭합니다.

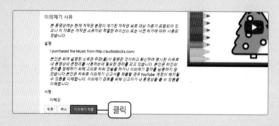

❼ 구매한 사이트에 들어가 고객센터 이메일을 찾은 후, 해당 이메일로 이의 신청 이메일을 보냅니다. 이메일에 구매한 음원 링크, 해당 영상 링크, 저작권 소송을 건 신고자 내역을 포함하여 작성하는 것이 좋습니다.

☆ YOUTUBE claim on my VIDEO

보낸사람   VIP
받는사람

Hello.
Thank you for always giving me a lot of help.
Please check the following issues ASAP.

1. The AudioBlocks page URL : https://www.audioblocks.com/stock-audio/acoustic-loop-34.html

▶ 이메일 예시

무료 영상 클립 제공하는 사이트 이용

무료 영상을 다운로드하여 사용하고 싶다면 Mazwai 사이트를 방문해 보세요. 검색은 지원하지 않지만 감성적이고, 완성도 높은 영상을 다운로드할 수 있습니다. 이 사이트에서 제공하는 영상은 영리적 목적으로 사용 가능하나 사용할 때에는 저작권자 표시를 해야 합니다.

무작정 따라하기 03 무료 영상 클립 다운로드하기

01 Mazwai(http://mazwai.com/#/grid) 사이트에 접속한 후 다운로드하려는 영상 이미지를 선택합니다.

클릭

02 선택한 영상 화면을 다운로드하고 싶다면 오른쪽 아래에 있는 [DOWNLOAD] 버튼을 클릭합니다. 유튜브에 업로드할 영상에 다운로드한 영상을 사용했다면 영상 업로드 후 설명글에 'VIDEO BY 저작권자'를 꼭 표기해야 합니다.

잠깐만요 **유료 영상 사이트_Video hive**

영상에 필요한 효과 등을 매번 만들 수 없기 때문에 Videohive(https://videohive.net/) 사이트에서 구매하여 사용하는 것도 좋은 방법입니다. 애프터 이펙트로 제작된 효과, 영상 등을 개별 구매할 수 있는 사이트입니다.

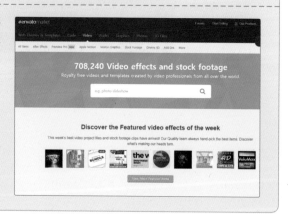

제작 완료한 동영상의 관리 방법

영상을 촬영하면 원본 파일과 완성 파일이 만들어집니다. 만약을 위해 모든 영상을 다 저장해 두면 좋겠지만 영상이 계속 쌓이게 되면 저장하는 데 반드시 한계가 생깁니다. 필자 역시 영상을 하루에 두 개씩 만들다 보니 영상 보관에 대한 고민이 많았는데, 생각보다 다양한 해결 방법이 있음을 알 게 되었습니다. 이번 장에서는 필요와 예산에 맞게 영상을 보관하는 방법에 대해 알아봅시다.

1 원본 파일 보관 방법

하나의 영상을 만들기 위해서 한두 개의 영상만 찍는 것이 아니므로 원본 파일을 모두 보관하겠다는 욕심은 버리는 것이 좋습니다. 하지만 **중요한 장면이나 꼭 남기고 싶은 영상이 있다면 개인용 클라우드 서비스를 이용해 보세요.**

클라우드 서비스

보통 20~30GB 용량까지 무료로 활용할 수 있지만, 제작한 영상을 저장하기에는 턱없이 부족합니다. 대부분의 클라우드 서비스는 1TB 기준으로 월 10달러 정도의 비용이 듭니다. 1TB 이내의 용량이라면 어떤 클라우드 서비스를 이용해도 상관없지만 용량이 많이 필요하다면 2만 원 내외의 요금으로 **무제한 이용할 수 있는 '드롭박스(DropBox)'를 추천합니다.**

	네이버 클라우드	MS 원드라이브	구글 드라이브	드롭박스
특징	1TB 기준으로 비용이 저렴	Office 프로그램과 함께 쓰기에 좋음	유튜브 계정과 호환 가능	용량이 클 경우 비용이 저렴
무료 용량	30GB	15GB	15GB	2GB
유료 용량	1TB	1TB+Office365	1TB~30TB	1TB~무제한
주소	cloud.navor.com	onedrive.live.com	drive.google.com	dropbox.com

개인용 서버, 나스(NAS)

개인용 클라우드 서비스인 '나스'는 초기 구매 비용이 많이 듭니다. 하지만 한번만 구매하면 추가 비용이 들지 않는다는 장점이 있습니다. 또한 **자료를 개인 공간에 보관할 수 있고 집에서 설치해도 인터넷이 되는 곳 어디에서나 접속할 수 있어서 로컬 폴더처럼 파일을 편리하게 관리할 수 있습니다.** 다만 같은 인터넷망을 쓰는 집(또는 회사)에서는 속도가 빠르지만, 외부 인터넷망을 사용할 경우 속도가 다소 느려질 수 있습니다.

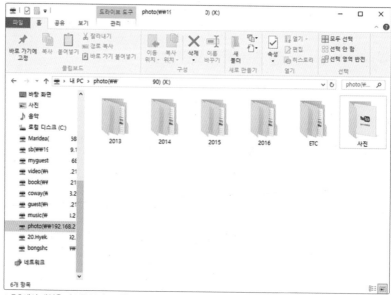

▶PC에서 개인용 나스를 폴더로 사용한 예

대표적인 개인용 나스로는 '시놀리지(Synoloygy)', 'WD 마이클라우드(WD My cloud)'가 있습니다. 추가하는 용량과 속도에 따라 가격이 다양하니 사용 목적에 따라 구매하세요.

▶시놀리지(Synoloygy)

▶WD마이클라우드(WD My cloud)

2 완성 파일 보관 방법

완성 파일은 별도의 클라우드 서비스나 나스를 이용하지 않아도 유튜브에 업로
드하여 보관할 수 있습니다.

유튜브에서 영상 다운로드

원본 파일보다는 화질이 떨어지지만 유튜브의 [크리에이터 스튜디오]에 업로드
한 영상을 간편하게 다운로드할 수 있습니다.

무작정 따라하기 04 유튜브에서 바로 다운로드하기

01 유튜브 오른쪽 상단에 있는 내 채널의 아이콘(👤)을 선택한 후 [크리에이터 스
튜디오]를 선택합니다.

TIP+

스튜디오 버전이 다르게
표시되는 경우 부속 12쪽
의 '유튜브 채널 관리 전,
꼭 읽어보세요!'를 참고해
스튜디오 설정을 변경 후
실습을 따라하세요.

02 [동영상 관리자]-[동영상]을 선택한 후 다운로드할 영상에서 [수정]의 내림 단추(▼)를 클릭하고 [MP4 다운로드]를 선택하여 영상을 다운로드합니다.

유튜브 영상을 고화질로 다운로드하기

1080p 사이즈인 고화질로 영상을 다운로드하고 싶다면 별도의 프로그램을 이용할 수 있습니다. 프로그램을 사용하면 본인의 영상뿐만 아니라 다른 사람의 영상도 다운로드할 수 있습니다. 물론 다른 사람의 영상을 다운로드한 후 자신의 채널에 올리는 것은 저작권에 위배되니 주의해야 합니다.

무작정 따라하기 05 ▶ **유튜브에서 영상을 고화질로 다운로드하기**

01 ▶ 4K Download(https://www.4kdownload.com/download) 사이트에 접속한 후 [Get 4K Video Downloader]를 클릭합니다.

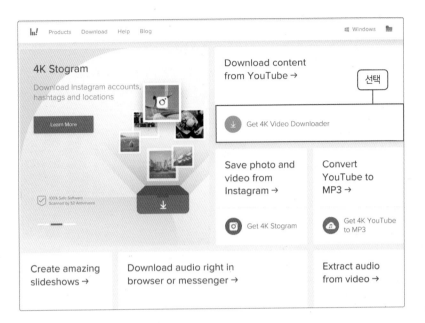

02 다운로드한 파일을 실행합니다.

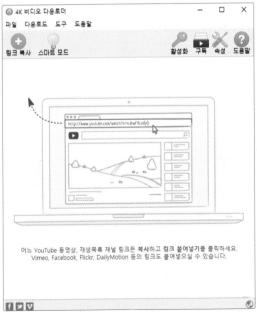

▶ '4K 비디오 다운로더' 프로그램 실행 화면

03 유튜브로 이동해 다운로드하려는 동영상을 선택하여 실행한 후 Ctrl + C 를 눌러 주소 창의 URL을 복사합니다. [공유](↱ 공유)를 선택한 후 Ctrl + C 를 눌러 해당 URL을 복사해도 됩니다.

04 창이 선택된 상태에서 [4K 비디오 다운로더]에 Ctrl + V 를 눌러 붙여넣기하면 해당 영상을 분석한 후 [다운로드 클립]이라는 창이 실행됩니다. 다운로드하고 싶은 화질을 선택한 후 [다운로드]를 클릭합니다. 만약 화질 목록에서 '1080p 60fps' 메뉴가 보이지 않는다면, 다운로드할 동영상에 없는 화질이기 때문입니다.

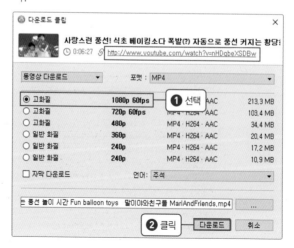

05 다운로드가 완료된 파일 영상에서 마우스 오른쪽 버튼을 클릭하고 [폴더에서
보기]를 선택합니다.

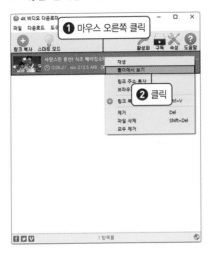

06 다운로드한 영상을 확인할 수 있습니다.

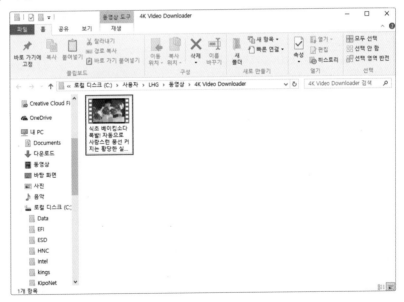

DIY

◎ **Karina_Gracia** https://youtube.com/user/TheKarinaBear

주로 액체괴물을 이용한 DIY를 다루는 채널입니다. 뛰어난 손재주로 기발한 모양을 만들어 올리는데, 영상을 올리면 평균적으로 몇 백만 뷰가 나올 정도로 인기가 많은 채널입니다. 사람들이 신기해하는 것이 무엇인지, 어떤 영상을 클릭해서 볼지 영리하게 잘 파악하여 제작합니다. DIY를 콘셉트로 채널을 운영하고 싶다면 Karina_Gracia 채널을 꼭 확인해 보세요!

▶ Karina_Gracia 채널 화면

IT 리뷰

◎ **더 로그** https://youtube.com/user/yeols102

더 로그는 블로그(열쓰)와 유튜브(더 로그)를 함께 운영하고 있습니다. 블로그에서 인기 있는 주제 중 하나인 IT는 유튜브의 타 주제에 비해서는 조회수와 구독자가 적은 편입니다. 아무래도 소개하는 제품이 비싸기 때문에 한국 시청자만으로는 제품 그 이상의 수익을 내기가 어려워서 IT를 주제로 하는 채널이 거의 없습니다. 더 로그 채널의 경우 타 주제에 비해서 조회수가 잘 나오는 편은 아니지만, 각 영상별로 3천~10만까지 조회수가 나옵니다. 블로그와 비교한다면 적은 조회수는 아니며, 더욱 확실한 것은 블로그보다 팬층이 두텁다는 것입니다. IT는 유튜브에서 인기가 많은 주제는 아니지만, 자신만의 분야에서 영향력을 발휘하고 싶은 분들이라면 '더 로그' 채널을 참고하세요!

▶ 더 로그 채널 화면

PART 03
유튜브 채널 개설과 브랜딩 및 수익 창출

구글 계정 설정 및 유튜브 채널 개설

유튜브를 시작하려면 먼저 유튜브 채널을 가지고 있어야 합니다. 채널을 만드는 방법은 어렵지 않아요. 여기서 설명하는 데로 한 단계씩 차근차근 따라하면 됩니다. 계정을 만들 때 사용한 아이디는 유튜브 채널에서 보이지 않으므로 아이디에 대해 너무 고민하지 않아도 됩니다. 그럼 바로 시작해 볼까요?

1 구글 계정 설정

구글 계정이 있다면 누구나 유튜브 채널을 개설할 수 있습니다. 구글에 가입하여 계정을 만들고 채널을 개설해 보겠습니다. 기존에 가입한 구글 계정으로 유튜브 채널을 만들 계획이라면 71쪽의 '유튜브 채널 개설'부터 따라해 보세요.

잠 깐 만 요 | **새로 유튜브 채널을 만들 때 유의할 점**

채널을 개설할 때 기존 구글 계정을 사용하면 따로 로그인할 필요가 없어 계정을 관리하기 편리합니다. 하지만 유튜브 채널의 이름을 변경하면 구글 전체 계정의 이름도 변경됩니다. 따라서 기존 구글 계정으로 이미 개인적인 Gmail, 구글 플러스, 블로그 등을 사용하고 있다면 유튜브 채널은 새 구글 계정을 만들어 분리하는 것이 좋습니다. 그리고 구글 계정은 기업이나 단체 명의로는 개설이 되지 않으므로 공동으로 쓰는 채널이라면 구글 계정을 새로 만드는 것이 좋습니다.

무작정 따라하기 06 | **구글에 가입하여 계정 만들기**

> **01** 구글(http://google.com) 사이트에 접속한 후 [계정 만들기]를 클릭합니다.

68

잠깐만요 **[계정 만들기]가 보이지 않는 경우**

만약 다른 계정으로 로그인한 상태라면 [계정 만들기]가 보이지 않습니다. 이 경우 오른쪽 상단의 [내 계정] 아이콘
(◎)을 클릭한 후 [계정 추가] 혹은 [로그아웃]을 선택하세요.

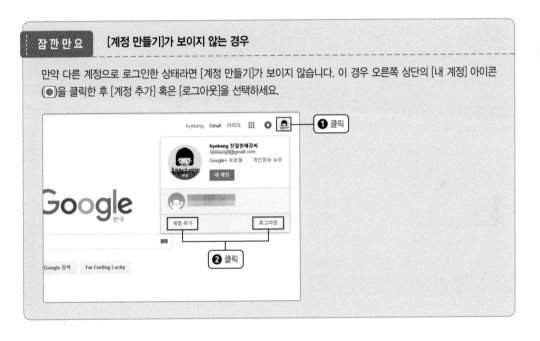

02 '이름', '비밀번호' 등 가입에 필요한 개인 정보를 입력합니다. 이때 입력한 이름은 유튜브 채널의 이름이 됩니다. 향후 채널 개설 시 이름을 변경할 수 있으므로 채널 이름을 정하지 않았다면 임의로 지정해 두세요. 모두 입력했으면 서비스 약관에 체크 표시를 한 후 [다음 단계]를 클릭하여 회원가입을 완료합니다.

TIP+
화면에서 작성할 항목이 다른 언어로 나타나면 화면 오른쪽 가장 하단에 있는 내림 단추를 클릭해 '한국어'를 선택하면 한글로 변경됩니다.

2 유튜브 채널 개설

내가 제작한 동영상을 유튜브에 업로드하기 위해서는 유튜브에 채널을 만들어야 합니다. 채널을 만든 후에는 레이아웃 변경이 가능합니다. 채널 레이아웃 변경을 통해 시청자들이 내 영상을 좀 더 쉽게 찾을 수 있게 구성하고, 전략적으로 추천하고 싶은 영상을 잘 보이게 배치할 수 있습니다.

무작정 따라하기 **07** **채널 추가하고 레이아웃 변경하기**

01 구글 계정으로 로그인한 상태에서 유튜브(http://youtube.com)에 접속합니다. 로그인이 되어 있지 않다면 가입한 구글 계정으로 로그인한 후 [내 채널]을 선택합니다.

TIP+

스튜디오 버전이 다르게 표시되는 경우 부속 12쪽의 '유튜브 채널 관리 전. 꼭 읽어보세요!'를 참고해 스튜디오 설정을 변경 후 실습을 따라하세요.

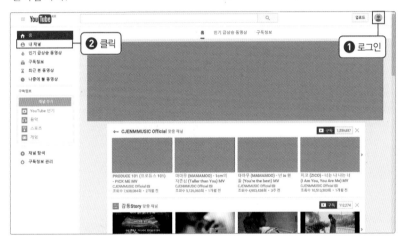

02 내 채널을 선택할 때 [YouTube 계정 선택] 창이 나타나면 유튜브에서 사용할 이름을 입력한 후 [채널 만들기]를 선택합니다. 해당 화면이 뜨지 않는다면 이미 채널이 만들어져 있는 것입니다.

03 유튜브에 내 채널이 만들어집니다. 하지만 아직 기본적으로 제공되는 채널 레이아웃으로 보이기 때문에 인기 있는 채널들과는 다른 모습입니다. 기본 레이아웃을 그대로 사용하는 유튜브 채널은 거의 없습니다. 내 채널의 성격을 잘 드러낼수 있도록 설정을 변경해 보겠습니다. 먼저 [채널 설정] 아이콘(⚙)을 클릭합니다.

04 [채널 설정] 창이 나타나면 [채널 레이아웃 맞춤설정] 버튼을 클릭하여 활성화한 후 [저장]을 선택합니다.

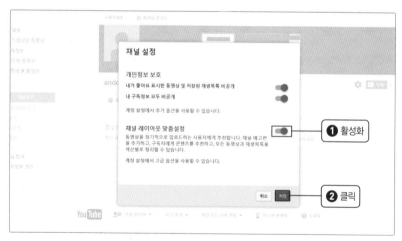

05 이제 '내 채널'에 홈, 동영상, 재생목록, 채널, 정보 등과 같은 기능이 활성화되어 [섹션 추가]를 클릭하면 나만의 레이아웃을 구성할 수 있습니다. 섹션 추가는 동영상을 업로드한 후 99쪽을 참고하세요.

채널 이름은 구글 계정의 [설정]에서 변경할 수 있습니다. 구체적인 수치가 공개되어 있지는 않지만 변경 횟수와 주기에는 제약이 있으므로 신중하게 변경하세요.

01 유튜브에 로그인한 후 [내 채널] 아이콘(🔘)을 클릭하고 [YouTube 설정] 버튼 (⚙)을 선택합니다.

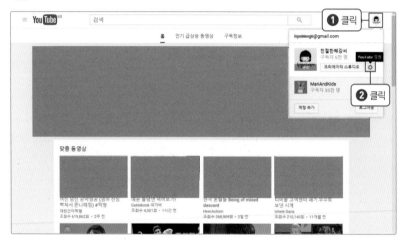

02 [계정 정보]의 [개요]에서 [Google 프로필에서 수정]을 선택합니다.

03 유튜브 채널 이름은 [이름]-[성] 순으로 나타납니다. 만약 성, 이름이 아닌 채널 이름만 넣고 싶다면 [이름] 영역에만 채널 이름을 넣고 [성]은 빈 칸으로 둔 채 [확인]을 클릭하면 됩니다.

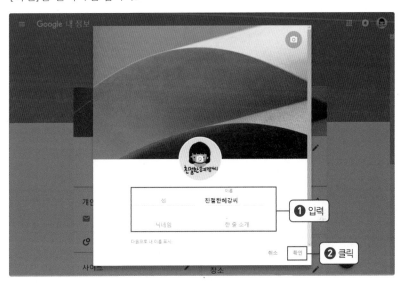

채널 관리

잠깐만요 **채널 이름의 닉네임 추가하기**

채널 이름에 닉네임을 추가하면 전반적인 채널의 [이름]에서는 표시되지 않지만 동영상에 댓글을 남기면 닉네임을 포함한 상태로 이름이 나타납니다. 성, 이름과는 별도로 [닉네임]에 이름을 추가하면 [다음으로 내 이름 표시]가 생성되면서 댓글 등을 남길 때 어떻게 보이게 할지 설정할 수 있습니다.

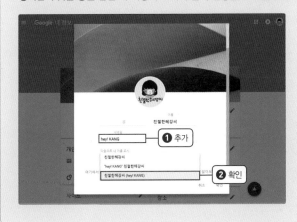

③ 유튜브 채널 추가 개설

유튜브 채널을 운영하다 보면 채널을 확장하여 추가로 개설할 때가 있습니다. 새로운 계정을 만들어 채널을 추가할 수도 있지만 기존 계정에 채널만 추가할 수도 있습니다. 새로운 계정에 채널을 추가하는 과정은 앞서 설명하였으므로 이 번에는 기존 계정에 채널을 추가하는 방법에 대해 알아봅시다.

무작정 따라하기 09 ▶ 기존 계정에 채널 추가하기

01 [내 채널] 아이콘(◉)을 선택한 후 [YouTube 설정](⚙)을 선택합니다. [개요] 에서 [새 채널 만들기]를 선택합니다.

TIP+
만약 기존에 채널을 추가 한 적이 있다면 [내 모든 채널 보기 또는 새 채널 만들기]로 보입니다.

TIP+
[내 채널] 아이콘에 이미 지를 추가하지 않은 경 우 기본 이미지(◉)로 나 타납니다. 채널 아이콘을 추가하는 방법은 82쪽을 참고하세요.

02 [새 채널 만들기]를 클릭합니다.

03 [브랜드 계정 이름]에 사용할 채널 이름을 입력하고 [만들기]를 클릭합니다.

04 이제 새로운 채널이 만들어졌습니다. 새 채널은 기존 계정 로그인 시 기존 채널과 함께 관리할 수 있습니다. [내 채널] 아이콘(🔘)을 선택한 후 [YouTube 설정](⚙)을 다시 클릭합니다.

05 기존 채널에 [새 채널 만들기]로 추가한 경우 [개요]에 [관리자] 메뉴가 새롭게 생기며 [관리자 추가 또는 삭제]가 가능해 다른 계정을 가진 사람과 함께 채널을 관리할 수 있습니다. 참고로 새롭게 추가한 채널이 아닌 기존 계정의 채널인 경우 [관리자] 메뉴가 없습니다.

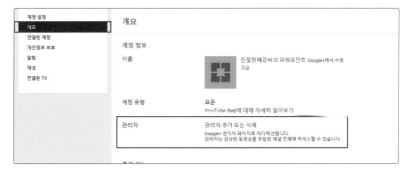

06 다음은 '말이야와 친구들(MariAndFriends)' 계정에서 '말이야와 아이들'이라
는 채널을 [새 채널 만들기]로 만든 후 '친절한혜강씨'를 관리자로 추가하여 사
용한 경우입니다. 각 계정에서 하위 채널로 '말이야와 아이들' 채널을 관리할 수
있습니다.

유튜브 채널 브랜딩 방법

블로그, 페이스북, 인스타그램 등 SNS를 운영할 때에는 채널의 성격을 나타내는 브랜딩이 중요하지만, 특히 유튜브는 구독자, 시청자와의 관계로 유지되기 때문에 타 채널보다 브랜딩 요소가 훨씬 중요합니다. 채널의 대표 이미지, 색, 영상만 보아도 해당 채널임을 알 수 있도록 브랜딩하는 방법을 살펴보겠습니다.

채널의 브랜딩을 표현할 수 있는 부분은 크게 **❶채널 아이콘 ❷채널 아트 ❸미리보기 이미지 ❹촬영 배경**이 있습니다. 예를 들어 '말이야와 친구들'의 경우 신뢰감을 주는 파란색이 채널 브랜딩색입니다. 단 키즈 채널이기 때문에 파란색 중에서도 밝고 경쾌한 파란색을 선택하여 채널 아트, 채널 아이콘, 미리보기 이미지, 촬영 배경까지 파란색으로 표현했습니다. 또한 친근한 '말' 이미지로 채널의 캐릭터를 만들어 '말이야와 친구들'을 이야기했을 때 떠오르는 대표 이미지를 구축했습니다.

1 채널 콘셉트 설정

내 채널을 브랜딩하기 위해서 먼저 채널의 콘셉트를 결정해야 합니다. 콘셉트를 결정할 때 도움이 되도록 아래와 같은 질문을 던져보겠습니다.

• 채널의 주제는 무엇인가?
• 내 채널의 시청자는 누구인가? (연령, 성별, 국가 등)
• 내 채널이 어떤 이미지를 갖기 원하는가? (친근한 이미지, 전문적인 이미지 등)

질문에 스스로 답해보며 시청자에게 내 채널이 어떤 모습이길 바라는지 생각해 보세요. 그리고 아래 색상표를 참고하여 그에 어울리는 색을 1~2개 정도 선정해 보세요.

색상의 의미와 대표 브랜드

일반적으로 친근함을 주고 싶다면 밝은 색 계열의 노란색, 연두색, 주황색, 하늘색 등으로 표현합니다. 그리고 고급스러움을 표현할 때는 어두운 계통의 회색, 갈색 등으로, 신비로운 느낌을 표현하고 싶다면 보라색, 파란색 계통으로 표현합니다. 어떤 대표색을 선택하느냐에 따라 유튜브 채널의 대표 이미지가 결정됩니다.

아래 표는 일반적인 색에 대한 이미지입니다. 표를 참고하여 본인이 운영하고 싶은 채널의 방향에 맞게 대표색을 선정해 봅시다.

TIP+
더 자세한 색상 이미지 가이드는 http://www.dailyinfographic.com/logos-a-look-at-the-meaning-in-colors-infographic 사이트를 참고하는 것이 좋습니다.

색	빨간색	주황색	노란색	초록색	파란색	보라색	회색
색상 의미	• 즐거움 • 젊음 • 용감	• 친근함 • 자신감 • 생기	• 긍정적 • 명료함 • 따뜻함	• 평화 • 성장 • 건강	• 신뢰 • 믿음 • 강함	• 창의적 • 상상력 • 지혜	• 균형 • 중립 • 침착
대표 브랜드	• 코카콜라 • 레고	• 아마존 • 환타	• 맥도날드 • 니콘 • DHL	• 네이버 • 스타벅스	• 펩시 • DELL	• 안나수이 • 웰치스	• 애플 • 스와로브스키

색상 조합에 도움을 주는 사이트

콘셉트에 맞는 색을 선정했다면 그 다음은 보기 좋고 예쁜 색조합이 필요합니다. 이것 역시 색상 조합 사이트를 통해 아이디어를 얻을 수 있습니다. Colour lovers 사이트를 참고하여 맘에 드는 색상 조합을 선택한 후 채널의 대표색으로 선정해 보세요.

▶Colourlovers 사이트 참고 화면(http://www.colourlovers.com/trends)

그 외에도 아래의 사이트를 참고하여 색상 아이디어를 얻을 수 있습니다.

사이트 이름	사이트 주소
Adobe Color	http://color.adobe.com
Brand Colors	http://brandcolors.net
Material Palette	http://materialpalette.com

2 채널 아이콘 제작

채널 아이콘은 회사를 대표하는 로고(CI)와 같습니다. 채널 아이콘은 채널 화면에서 가장 많이 노출되기 때문에 언뜻 보아도 한 번에 알아볼 수 있게 만드는 것이 중요합니다. 아이콘 이미지는 정사각형으로 업로드되지만 디바이스에 따라서 정사각형 혹은 정원형으로 나타납니다. 따라서 원으로 노출되었을 경우 잘리는 부분을 고려해서 제작해야 합니다.

정사각형 형태

잘리는 영역

정원 형태

채널 아이콘 제작 시 주의사항

채널 아이콘은 기본적으로 98×98픽셀의 정사각형 및 원형 이미지이지만, 사용자들이 TV처럼 다른 디바이스에서도 유튜브를 시청하기 때문에 **채널 아이콘의 크기는 800×800픽셀 사이즈로 업로드하는 것을 권장합니다.** 업로드 가능한 파일 형식은 JPG, GIF, BMP, PNG입니다. 단 애니메이션 GIF 파일 형식은 업로드가 불가능합니다. 주의할 점은 채널 아이콘에 유명 인사, 과도한 노출, 예술작품 또는 저작권 보호를 받는 이미지가 포함되면 '유튜브 커뮤니티 가이드'에 위배되므로 본인과 관련된 이미지만 활용하세요.

무작정 따라하기 10 | **채널 아이콘 추가하기**

01 [내 채널]을 선택한 후 채널 아이콘 부분에 마우스 커서를 위치하면 [수정] 아이콘(✐)이 나타납니다.

02 [채널 아이콘 수정] 창이 나타나면 유튜브가 아닌 구글 계정에서 진행합니다. 채널 아이콘을 수정하면 전체 구글 계정(메일, 구글 플러스 등)의 사진까지 함께 변경되니 원치 않는다면 계정을 따로 만드세요. [수정]을 클릭하세요.

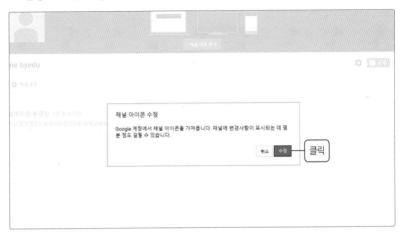

03 'Google 내 정보' 페이지로 자동으로 이동한 후 [사진 선택] 창이 나타납니다. [사진 업로드]를 선택하여 채널 아이콘 가이드에 따라 제작한 이미지를 업로드합니다.

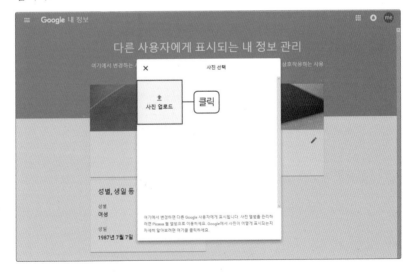

04 채널 아이콘 이미지를 정사각형으로 제작했다면 별도로 이미지 범위를 조정할 필요 없이 바로 [완료]를 선택합니다. 수정한 내용이 유튜브 채널 아이콘에 반영 되는 데 몇 분 정도 소요됩니다. 그러나 사이트에 남아있는 채널 아이콘 쿠키 기록으로 인해 2~3일 정도 지난 후에 변경된 채널 아이콘을 볼 수 있는 경우도 있습니다.

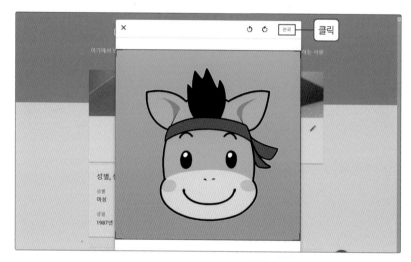

3 채널 아트 제작

채널의 콘셉트를 정했다면 내 채널의 첫 인상을 좌우하는 채널 아트를 제작해야 합니다. 이미지 편집은 주로 '포토샵'으로 하는 경우가 많지만, 포토샵이 없다면 '파워포인트'를 활용해 만들 수도 있습니다.

채널 아트 사이즈 설정

유튜브는 모바일에서부터 데스크톱, 태블릿, TV까지 다양한 디바이스를 통해 소비되고 있습니다. 각 디바이스에 따라 어떻게 보이는지 미리 확인한 후 배치해야합니다. TV, 데스크톱, 태블릿 영역은 보이지 않아도 무관한 패턴, 배경으로 배치하고 '텍스트&로고 안전 지역'에는 채널 이름 및 이미지를 배치하세요.

디바이스	픽셀(px)	센티미터(cm)
❶ TV	2560px × 1440px	67.7cm × 38.1cm
❷ 데스크톱 최대	2560px × 423px	67.7cm × 11.2cm
❸ 태블릿	1855px × 423px	49.1cm× 11.2cm
❹ 텍스트&로고 안전 지역	1546px × 423px	40.1cm × 11.2cm

▶디바이스별 채널 아트 사이즈(픽셀/센티미터)

무작정 따라하기 11 ▶ **파워포인트를 활용해 채널 아트 제작 실습하기**

01 먼저 길벗 홈페이지(http://www.gilbut.co.kr)를 방문하고 '유튜브로 돈 벌기'를 검색해 해당 책의 [자료실]에서 파일을 다운로드합니다. 다운로드한 파일을 열고 [채널아트.pptx]를 실행합니다. [보기] 탭-[표시] 그룹에서 [안내선]을 체크하여 가이드라인을 안내선으로 보이게 설정합니다.

TIP+
편집에 도움이 되도록 유튜브 채널 아트의 사이즈 및 가이드라인을 표시해 두었으니 참고하세요. 파워포인트 2007 이하 버전의 경우 안내선이 표시되지 않습니다.

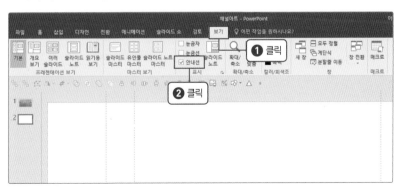

02 색은 직접 지정할 수도 있지만 참고하고 싶은 사이트에서 캡처하여 바로 적용할 수도 있습니다. 먼저 색상을 참고할 인터넷 창을 실행한 후에 키보드의 PrtScr (프린트 스크린)을 누르고 파워포인트 화면을 실행해 Ctrl + V 를 눌러 붙여넣기합니다.

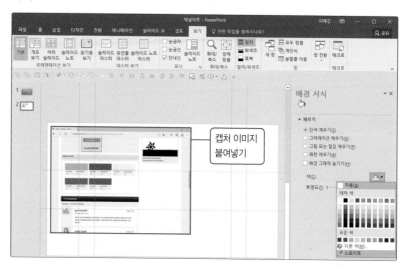

03 슬라이드의 빈 화면에서 마우스 오른쪽 버튼을 클릭한 후 [배경 서식]을 클릭합니다. [단색 채우기]-[색]에서 [스포이트]를 선택합니다. 그리고 캡처한 이미지에서 원하는 색을 클릭하면 바로 적용됩니다.

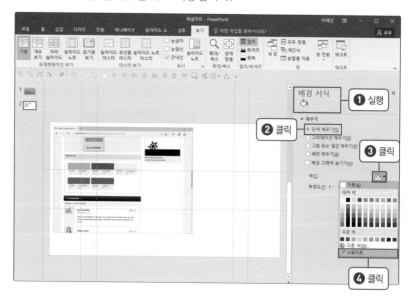

파워포인트 2010 이하 버전에서 색 지정하는 방법

파워포인트 2010 이하 버전이라면 RGB 정보 값을 이용해 색을 지정하여 수정할 수 있습니다. 80쪽에서 추천한 색상 조합 사이트에는 색상별 RGB 값이 별도로 표기되어 있으니 참고하세요. 먼저 색을 적용하기 위해서 [삽입] 탭-[일러스트레이션] 그룹의 [도형]-[타원]을 차례로 클릭해 도형을 만듭니다. 도형을 클릭해 선택한 후 [그리기 도구]의 [서식] 탭-[도형 스타일] 그룹에서 [도형 채우기]를 클릭하고 [다른 채우기 색]을 선택합니다. [색] 창이 나타나면 [사용자 지정] 탭의 [빨강(R)], [녹색(G)], [파랑(B)]에 RGB 값을 차례로 입력하면 원하는 색이 적용됩니다.

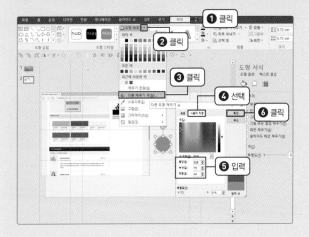

만약 RGB 색상 정보가 없는 색의 정보를 알고 싶다면 별도의 Color Cop 프로그램을 이용하여 RGB 값을 알아 낼 수 있습니다. 네이버 소프트웨어(http://software.naver.com) 사이트에서 [Color Cop]을 검색하면 프로그램을 다운로드할 수 있어요.

▶네이버 소프트웨어 'Color Cop' 프로그램 다운로드 화면

04 가운데 가이드라인 안에 텍스트와 이미지를 삽입합니다. 가이드라인을 벗어난 곳에는 이미지가 잘려도 상관없는 단색 혹은 패턴 배경 등을 삽입하는 것이 좋습니다. 채널 아트 꾸미기가 완료되면 [파일] 탭을 선택합니다.

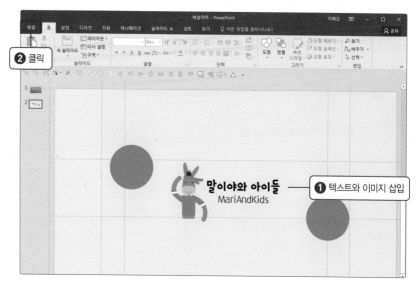

05 [다른 이름으로 저장]을 선택합니다.

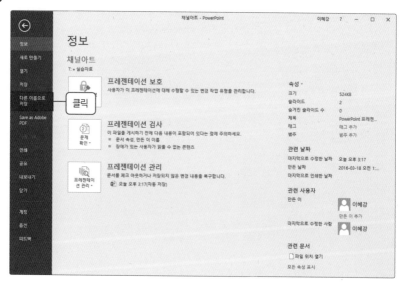

06 [다른 이름으로 저장] 대화상자가 나타나면 [파일 이름]에 원하는 파일 이름을 입력하고 [파일 형식]은 [PNG 형식]으로 선택한 후 [저장]을 클릭합니다. '내보낼 슬라이드를 선택하세요'라는 문구가 뜬다면 [현재 슬라이드만]을 선택합니다.

TIP+
만약 저장하기 전에 내보낼 슬라이드가 선택된 상태가 아니라면 다른 슬라이드가 내보내질 수 있습니다. [모든 슬라이드]를 선택한 후 사용할 슬라이드를 찾아도 됩니다.

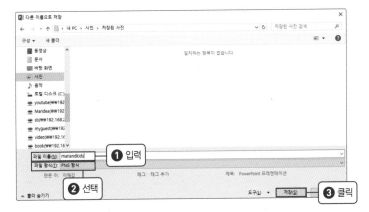

07 채널 아트는 유튜브의 [내 채널]에서 [채널 아트 추가]를 클릭해 손쉽게 변경할 수 있습니다. 기존에 채널 아트를 수정한 적이 있다면 채널 아트의 [수정] 아이콘(✏)을 선택한 후 [채널 아트 수정]을 선택합니다.

TIP+
스튜디오 버전이 다르게 표시되는 경우 부속 12쪽의 '유튜브 채널 관리 전, 꼭 읽어보세요!'를 참고해 스튜디오 설정을 변경 후 실습을 따라하세요.

TIP+
변경된 새 화면으로, 해당 위치에서 [설정] 아이콘이 보이지 않는다면 그 위치에 있는 [채널 맞춤 설정]을 클릭하면 됩니다.

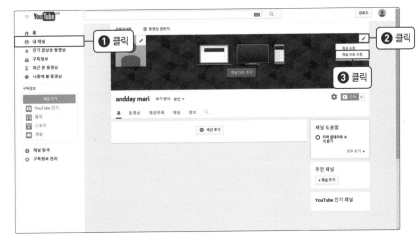

채널 관리

08 [컴퓨터에서 사진 선택]을 클릭합니다.

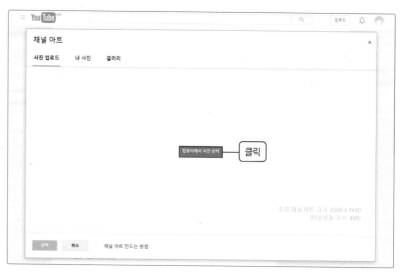

09 [열기] 창에서 파워포인트를 활용해 만든 이미지를 선택한 후 [열기]를 클릭 하여 업로드합니다.

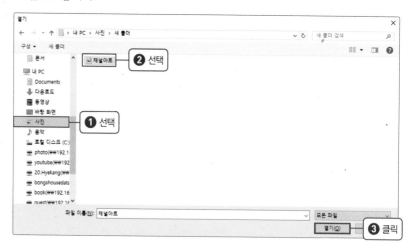

10 사진이 업로드되면 디바이스에 따라 채널 아트가 어떻게 보이는지 확인할 수 있습니다. 가이드라인에 맞춰서 제작했다면 채널에서 중요한 로고나 텍스트가 데스크톱 또는 모바일에서도 잘리지 않고 나타날 것입니다. 채널 아트가 어떻게 보이는지 확인했다면 [선택]을 클릭합니다.

11 내 채널에 채널 아트가 적용됩니다.

채널 홈 레이아웃

채널 홈 레이아웃을 구성하기 위해서는 유튜브에 업로드된 동영상이 있어야 합니다. 유튜브에 업로드한 동영상이 없다면 126쪽 Part 04에서 동영상 업로드 방법을 확인한 후 순서대로 따라오세요.

무작정 따라하기 12) 채널 홈 레이아웃 구성하기

01 먼저 유튜브 홈 화면에서 [목록] 아이콘(☰)을 클릭한 후 [내 채널]을 선택하여 관리하는 채널로 들어갑니다.

TIP+

스튜디오 버전이 다르게 표시되는 경우 부속 12쪽의 '유튜브 채널 관리 전, 꼭 읽어보세요!'를 참고해 스튜디오 설정을 변경 후 실습을 따라하세요.

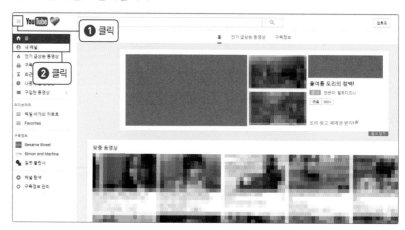

02 [설정] 아이콘(⚙)을 클릭합니다.

TIP+

변경된 새 화면으로, 해당 위치에서 [설정] 아이콘이 보이지 않는다면 그 위치에 있는 [채널 맞춤 설정]을 클릭하면 됩니다.

03 [채널 설정] 창이 나타나면 [채널 레이아웃 맞춤설정]을 클릭해 활성화하고 [저장]을 클릭합니다.

04 이제 섹션을 추가할 수 있는 [섹션 추가]라는 메뉴가 생성됩니다. 해당 메뉴를 클릭하면 [재문방 구독자용]과 [신규 방문자용] 탭이 생기며 방문자에 따라 서어떤 동영상으로 보여줄 것인지 선택할 수 있습니다. 여기서는 [재방문자 구독자용]을 선택한 후 [콘텐츠 추천]을 선택합니다.

93

재방문 구독자가 방문했을 때 어떤 동영상을 가장 처음 보여줄지 결정할 수 있습니다. 추천하고 싶은 동영상을 선택하고 [저장]을 클릭합니다.

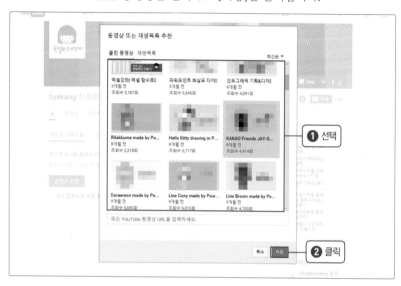

06

동영상의 제목도 별도로 지정할 수 있습니다. 제목을 다르게 표현하고 싶다면 입력란에 제목을 입력한 후 [저장]을 선택합니다.

07 [신규 방문자용]을 선택하고 [채널 예고편]을 클릭한 후 추천할 동영상을 선택합니다. 이렇게 선택된 동영상의 경우 채널을 구독하지 않은 사람이 채널을 방문했을 때 자동으로 재생됩니다. 동영상이 일단 재생되기 때문에 재생된 동영상을 끝까지 시청할 수 있도록 인기 있는 동영상이나 내 채널을 가장 잘 대표할 수 있는 동영상을 선택하는 것이 좋습니다.

08 '콘텐츠 추천'과 '채널 예고편'을 지정했다면 이제 [섹션 추가]를 클릭합니다.

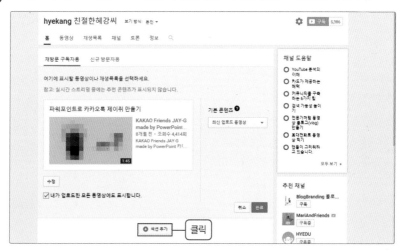

09 [콘텐츠]와 [레이아웃] 메뉴를 선택할 수 있습니다.

섹션의 콘텐츠 항목과 자주 사용하는 항목

섹션으로 추가할 수 있는 콘텐츠 항목입니다. **채널에서 전략적으로 밀고 싶은 부분을 최상단에 배치하는 것이 좋습니다.** 일반적으로 많이 사용되는 항목에는 ★를 체크해 두었습니다. 어떤 항목을 선택해야 할지 고민된다면 ★를 우선적으로 선택하세요. 각각의 항목을 직접 클릭하면서 어떤 형식인지 확인하길 바랍니다.

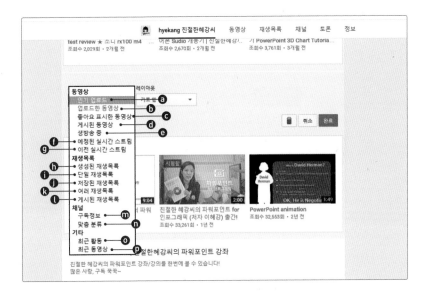

> 동영상

ⓐ 인기 업로드: 조회수가 가장 많은 영상 순서대로 표시합니다. 유튜브는 인기 있는 영상이 전체 조회수(수익)의 상당 부분을 차지하기 때문에 계속 노출시켜 주는 것이 좋습니다.

ⓑ 업로드한 동영상: 가장 최근에 업로드한 영상부터 순서대로 표시합니다. 새로운 영상을 구독자, 시청자들이 바로 접할 수 있도록 계속 노출시켜 주면 초반 영상의 조회수 확보에 유리하고 인기 영상이 될 확률이 높아집니다.

ⓒ 좋아요 표시한 동영상: 내가 공개적으로 '좋아요'를 표시한 동영상이 차례로 표시됩니다. 공개적으로 '좋아요'를 힌 동영상이 없을 경우에는 표시되지 않으며 만약 표시하고 싶다면 개인 정보 보호 설정(https://www.youtube.com/account_privacy)에서 '내가 좋아요 표시한 동영상 및 저장된 재생목록 비공

97

개'의 체크 표시를 해제합니다. 내 채널 추천은 물론, 다른 사람의 영상을 추천할 때도 유용한 기능입니다.

ⓓ 게시된 동영상: 내 채널에 게시된 동영상 목록을 보여줍니다.

ⓔ 생방송 중: 실시간 스트리밍을 진행할 때 표시합니다. 방송이 없을 때는 표시되지 않습니다.

ⓕ 예정된 실시간 스트림: 실시간 스트리밍이 예약되어 있을 때 예정된 방송을 표시합니다. 방송이 없을 때는 표시하지 않습니다.

ⓖ 이전 실시간 스트림: 과거 실시간 방송을 표시합니다.

재생목록

ⓗ 생성된 재생목록: 내가 만든 모든 재생목록을 가장 최근에 만든 것부터 차례로 표시합니다. 재생목록 단위로 영상을 추천하고 싶다면 사용하기 좋으나 많이 사용되는 형태는 아닙니다.

ⓘ 단일 재생목록: 특정 재생목록을 선택하여 차례로 표시합니다. 추천하고 싶은 주제의 재생목록을 묶어서 추천할 수 있기 때문에 자주 사용되는 형태입니다.

ⓙ 저장된 재생목록: 내가 공개적으로 저장한 재생목록이 표시되는데 재생목록을 공개적으로 저장하지 않았다면 내 채널에 표시되지 않습니다. 콘텐츠를 추가하려면 재생목록을 저장한 후 공개 설정에서 저장된 재생목록의 비공개 여부를 확인하세요.

ⓚ 여러 재생목록: 재생목록을 불러와 추천할 수 있습니다. 재생목록 단위로 추천하고 싶을 때 쓰이며 생성된 재생목록보다는 내가 원하는 재생목록을 배치할 수 있기 때문에 활용도가 높습니다.

ⓛ 게시된 재생목록: 채널에 게시한 재생목록이 나타납니다.

채널

ⓜ 구독정보: 내가 구독한 채널을 공개한 경우 구독정보가 표시됩니다. 본인이 구독한 정보가 표시되므로 개인 정보 보호를 위해 오히려 감추는 것이 더 좋습니다. 구독한 채널을 비공개로 설정하는 방법은 '개인 정보 보호' 설정(https://www.youtube.com/account_privacy)에서 [내 구독 정보 모두 비공개]에 체

크 표시합니다. 채널을 추천하고 싶다면 [맞춤 분류]를 쓰는 것이 더 좋습니다.

⓷ 맞춤 분류: 원하는 채널을 추천할 수 있어서 특히 다른 채널을 추천할 때 유용합니다. 보통 다른 사람 채널보다는 본인 채널을 확장하여 여러 개 운영하면서 자신의 채널을 추천하는 데 많이 사용됩니다.

기타

⓸ 최근 활동: 최근 활동(업로드, 좋아요 등)과 관련된 영상 또는 재생목록을 차례로 표시합니다.

⓹ 최근 동영상: 최근에 업로드한 동영상을 표시합니다.

무작정 따라하기 13 **재생목록 항목을 섹션에 추가하기**

01 먼저 [인기 업로드]를 선택합니다. [레이아웃]은 [가로 행]과 [세로 목록]이 있습니다. '가로 행'의 경우 여러 콘텐츠를 좁은 영역 안에 한번에 보여줄 수 있는 장점이 있고 깔끔하게 보입니다.

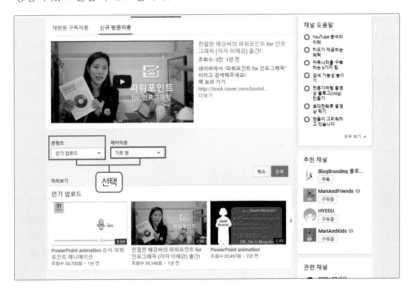

02 '세로 목록'은 공간을 많이 차지하지만 '제목'과 '설명'을 동시에 노출시켜 단일 영상을 자세히 노출시킬 수 있다는 장점이 있으므로 필요에 따라 선택하여 사용합니다.

03 다시 [섹션 추가] 버튼을 클릭하면 다른 항목을 추가할 수도 있습니다. [업로드한 영상]을 선택합니다. 만약 새로 추가한 섹션을 위로 올리고 싶다면 ⌃ 아이콘을 클릭해 순서를 위로 올려 조정할 수 있습니다. 참고로 '인기 동영상'과 '업로드한 동영상'은 한 번씩만 추가할 수 있습니다.

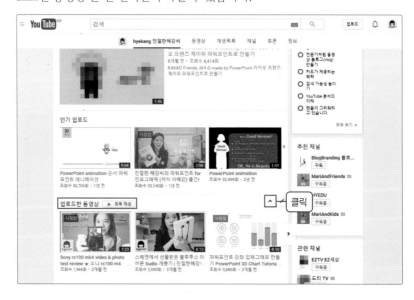

04 '인기 동영상'과 '업로드한 동영상'과 더불어 많이 사용되는 [단일 재생목록]은 섹션에 여러 개를 추가할 수 있습니다. 주제별로 재생목록을 묶어서 홈 화면에 노출시킵니다. 먼저 [콘텐츠]에서 [단일 재생목록]을 선택하고 [레이아웃]은 원하는 형식을 선택합니다. [재생목록 선택]에서 [내 재생목록]을 선택하고 우측의 재생목록에서 추가할 재생목록을 선택한 후 [완료]를 클릭합니다.

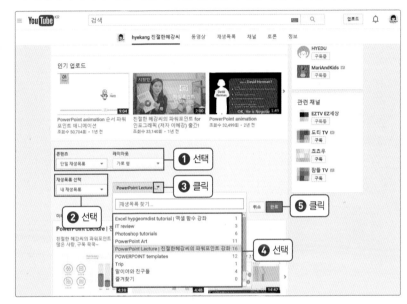

TIP+

재생목록을 추가한 직후에는 '내 재생목록'에 신규로 만든 재생목록이 보이지 않을 수 있습니다. 잠시 기다린 후 사용하거나 재생목록의 URL을 직접 입력하여 추가합니다.

[단일 재생목록]에서 내가 만든 재생목록 외에 다른 사람이 만든 재생목록도 추가할 수 있습니다. 이 기능은 일반적으로 다른 채널의 영상을 홍보해야 할 때 많이 쓰입니다. 홍보할 영상을 직접 재생목록으로 만들어서 추가할 수도 있고, 다른 채널에서 재생목록을 가져와서 추천할 수도 있습니다.

여기에서는 '친절한혜강씨'의 채널에 '말이야와 친구들' 재생목록을 추가하는 방법을 알려줍니다. 먼저 원하는 재생목록의 채널로 접속 후 [재생목록]을 선택하여 가져올 재생목록을 선택합니다.

TIP+

'말이야와 친구들'의 경우 미리 모든 영상이 포함되어 있는 재생목록을 만들어 두었습니다.

해당 재생목록을 클릭하여 들어간 후 주소 창에 있는 주소를 드래그한 후 Ctrl+C를 눌러 복사합니다.

102

[섹션 추가]에서 [콘텐츠]는 [단일 재생목록]으로, [재생목록 선택]은 [재생목록 URL을 입력]을 선택한 후 오른쪽 창에 복사했던 재생목록 주소를 Ctrl+V를 눌러 붙여넣기하고 [완료]를 선택합니다.

'친절한혜강씨' 채널 홈에서 '말이야와 친구들' 전체 영상 목록을 볼 수 있게 만들었습니다. 이렇게 하면 '친절한혜강씨' 채널에서 '말이야와 친구들' 영상을 재생목록에 매번 추가하지 않아도 새로운 영상이 자동으로 업데이트되므로 최신 영상을 보여줄 수가 있습니다. 단 전제 조건은 '말이야와 친구들' 채널에서 업로드할 때 가져왔던 재생목록에 최신 영상을 추가해야 한다는 것입니다. 채널 간의 합의만 된다면 원활하게 반영할 수 있기 때문에 채널의 소유자가 같을 경우 많이 사용하는 방법입니다.

01 채널 자체를 추천할 수도 있습니다. [콘텐츠]에서 [맞춤 분류]를 선택한 후 [채널 선택]에서 [채널 추가]를 클릭합니다.

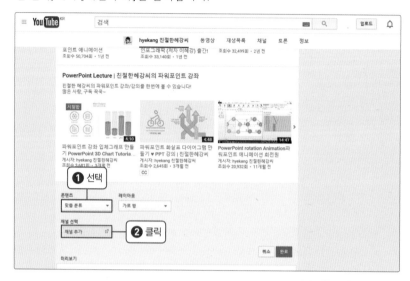

02 [채널 사용자 이름 또는 URL 입력]에 채널 주소를 입력하고 [추가]를 클릭하여 채널을 추가합니다.

03 여러 개의 채널 추가도 가능합니다. [섹션 제목]에는 제목도 지정할 수 있으므로 구독을 요청하는 메시지 등을 입력하고 [완료]를 선택합니다. 해당 기능은 신규 채널을 개설하고 채널 홈의 최상단에 배치하면 기존의 구독자를 새로운 채널로 유인하는 효과가 아주 큽니다.

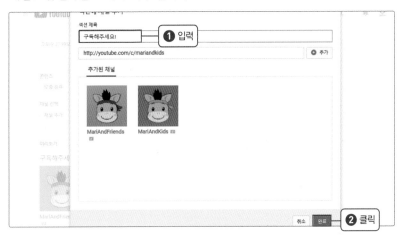

추천 채널 설정하기

채널 자체를 추천하는 비슷한 방법으로 화면 오른쪽에 있는 추천 채널을 지정할 수 있습니다. PC로 접속하는 사람들에게 바로 보이는 메뉴지만 모바일에서는 [홈] 탭-채널의 [채널] 탭에서 확인해야 하기 때문에 노출도는 떨어지는 편입니다. [추천 채널]의 [채널 추가]를 선택합니다.

추천하고자 하는 채널을 검색한 후 추가합니다. [섹션 제목]도 변경할 수 있습니다. 완료되었다면 [완료]를 선택합니다.

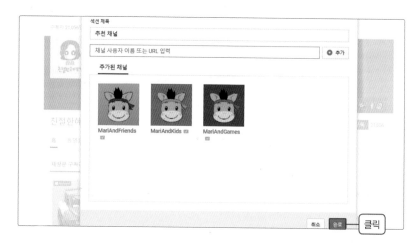

관련 채널 설정하기

관련 채널도 지정할 수 있습니다. **관련 채널은 내 채널과 연관성이 높고 인기가 많은 채널을 위주로 추천합니다.** 즉 시청자들이 내 영상과 같이 본 채널 중 많이 본 채널이 추천됩니다. **추천 채널 사용 여부는 선택할 수 있지만 사용하지 않을 경우 내 채널이 다른 채널에도 추천되지 않습니다.** 따라서 [사용]을 클릭하여 다른 채널에 추천될 수 있게 하는 것이 좋습니다. 참고로 [추천 채널]에 추가한 채널은 [관련 채널]에서 추천되지 않습니다. 물론 내 채널의 조회수가 높지 않다면 다른 채널에 추천되는 경우는 거의 없습니다. 하지만 언젠가 채널이 성장하면 수많은 채널에 내 채널이 추천될 수 있으니 희망을 갖고 노력해 봅시다.

정보 탭 설정하기

[정보] 탭을 선택하면 내 채널에 대한 정보를 입력할 수 있는데 [국가]를 해당 메뉴에서 지정할 수 있습니다. 111쪽에서 수익 창출 기능 설정 시 국가가 지정되지 않으면 수익 창출이 되지 않으므로 반드시 '국가' 설정을 하세요.

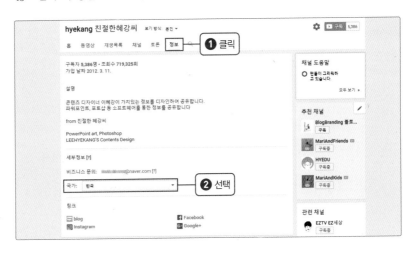

링크에서 연결하고 싶은 채널을 추가할 수 있습니다. 관련 링크 이름과 주소를 입력하세요. 유튜브와 함께 운영하기 좋은 SNS 매체는 243쪽의 'SNS 매체 활용하기'에서 다룹니다.

채널 언어 다국어로 번역하기

유튜브는 한 채널 내에서도 여러 언어의 채널로 표시할 수 있는 다국어 기능을
지원합니다.

무작정 따라하기 15 | **원하는 언어로 채널 번역하기**

01 [내 채널]의 [설정] 아이콘(⚙)을 클릭한 후 [정보 번역]의 [채널 정보를 번역]을
클릭합니다.

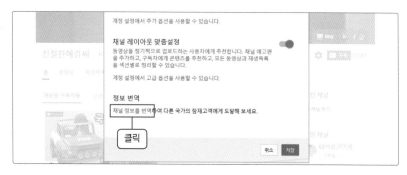

02 [번역할 언어]를 선택하여 [새 언어 추가]에서 추가할 언어를 선택합니다. 여기
에서는 [영어]를 선택하였습니다. 채널 제목, 채널 설명을 영어로 번역할 수 있
습니다. 섹션의 이름을 지정한 것이 있다면 해당 이름도 영어로 번역할 수 있습
니다. 완료되었다면 [저장]을 클릭합니다.

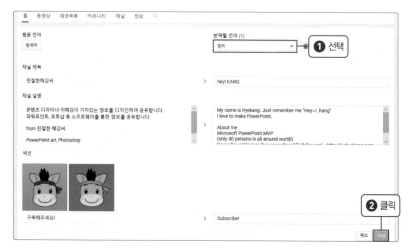

만약 전 세계를 대상으로 채널을 운영하고 싶다면 채널의 기본 원문 언어를 '영어'로 지정하고 '한국어'로 번역하는 것도 좋은 방법입니다. 만약 원문 언어를 한국어로 설정 후 영어로 번역하면 영어권에서 접속했을 때는 영어가 보이겠지만, 베트남에서 접속했다면 한국어가 보이기 때문에 모든 언어로 다 번역을 할 수 없다면 어느 나라에서 접속을 하든 공용어인 영어로 보이게 하고, 우리나라에서 접속했을 때는 한국어로 보이는 게 좋습니다.

'친절한혜강씨' 사이트의 경우 원문 언어는 '한국어'지만 영어권에서 접속하면 '영어'로 보입니다. 하지만 번역된 언어이기 때문에 [정보] 탭에 수정 메뉴가 없습니다. 번역한 언어로 [정보] 탭에 들어갔을 경우 수정이 되지 않기 때문에 수정을 하고 싶다면 [언어로 보기 설정]을 원문 언어로 변경한 후 수정해야 합니다.

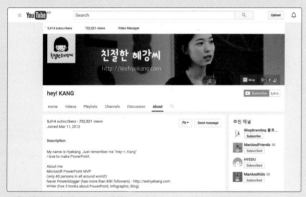

▶ '친절한혜강씨' 채널의 영어 화면

언어로 보기 설정을 변경하는 방법은 유튜브 [언어(Language)]를 선택한 후 해당 언어로 선택하면 됩니다. 아래의 [언어] 부분을 수정할 때 해당 언어를 쓰는 국가에서는 어떻게 보이는지를 확인할 수 있습니다.

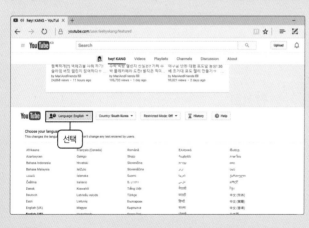

109

수익 창출을 위한 기본 설정

유튜브 영상에 대한 수익을 얻기 위해서는 애드센스 계정이 있어야 합니다. 일반적으로 애드센스에 회원 가입을 하려면 현재 운영중인 웹사이트가 있어야 하는데, 유튜브 채널을 통해서도 가입할 수 있습니다.

유튜브에 애드센스 연결

유튜브에 애드센스를 연결하는 과정은 기존에 해 봤던 사람들도 어려워하는 경우가 많습니다. 하지만 각 단계에 맞춰서 차근차근 순서대로 따라하면 어렵지 않으니 집중해서 따라오세요.

수익 지급 단계별 프로세스

TIP+

STEP 3에서 수익이 10달러 이상이 되면 PIN 번호를 받을 수 있습니다 STEP 4에서 PIN 번호 등록이 완료된 후 100달러 이상일 때 지급이 가능합니다.

STEP 1, 2는 한번에 가능하나 STEP 3, 4는 일정 조건이 갖춰져야 가능합니다. 먼저 STEP 1, 2를 진행한 후 조건이 충족되었을 때 Step3, 4를 진행하면 됩니다.

1 수익 창출 기능 활성화

유튜브에서 수익을 얻기 위해서는 먼저 유튜브의 수익 창출 기능을 활성화해야 합니다. 해당 기능을 활성화하면 유튜브 동영상에 광고를 붙일 수 있습니다.

01 유튜브의 [내 채널]-[크리에이터 스튜디오]를 클릭합니다. [채널]-[상태 및 기능]을 차례로 클릭합니다. [기능]의 [수익 창출] 항목에서 [사용]을 클릭합니다.

TIP+

스튜디오 버전이 다르게 표시되는 경우 부속 12쪽의 '유튜브 채널 관리 전, 꼭 읽어보세요!'를 참고해 스튜디오 설정을 변경 후 실습을 따라하세요.

02 [수익 창출] 화면으로 이동하면 [시작하기]를 클릭합니다.

채널 관리

03 [YouTube 파트너 프로그램 약관]을 확인하고 아래 관련 동의 사항에 체크 표시한 후 [동의함]을 클릭합니다.

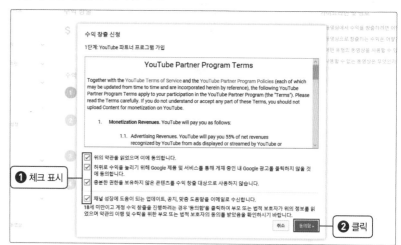

② 애드센스 가입 후 유튜브에 연결

수익 창출 기능을 활성화해도 실제 수익을 정산받기 위해서는 애드센스에 가입한 후 유튜브 계정과 연결해야 합니다.

수익 승인 검토 조건

이는 검토 조건이므로 위의 조건이 만족되었다고 하여 바로 수익 창출을 할 수 있는 것은 아닙니다. 해당 조건을 만족하면 유튜브 측에서 검토를 시작하며 불건전 콘텐츠, 저작권 침해 영상 여부, 영상의 수 등을 종합적으로 평가하여 승인 여부를 결정합니다. 검토의 정확한 기준과 시간이 현재는 명확하게 공지되어 있지 않기 때문에 인내력이 필요한 과정입니다. 만약 수익 승인이 이미 난 채널이라고 할지라도 지난 12개월 동안 4,000시간의 시청시간이 나오지 않을 경우 수익 창출이 중지될 수도 있습니다. 수익 창출이 예전과 다르게 어려워졌기 때문에 많은 어려움이 있지만 그만큼 좋은 유튜브 생태계를 만들기 위한 일환으로 생각해야 할 것 같습니다.

무작정 따라하기 17 · 애드센스에 가입하고 승인받기

01 [애드센스 가입]에서 새 애드샌스 계정을 만들거나, 기존의 계정을 연결합니다. [시작하기]를 클릭합니다.

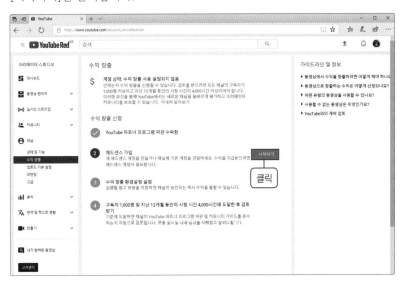

113

02 [다음]을 선택합니다. 원칙상 한 사람당 하나의 애드센스 계정만 만들수 있으니 이미 애드센스 계정이 있다면 기존 계정을 활용해 주세요.

03 구글 계정 중 애드센스에 연결할 계정을 선택하세요. 기존에 사용하던 애드센스 계정이 있는 경우, 애드센스에 연결되어 있는 계정을 선택하고 10번 과정부터 따라하세요.

04 [연결 수락]을 선택하면 선택한 애드센스 계정에 해당 채널이 연결됩니다.

05 애드센스 활용 제공 이메일 수락 여부를 선택하고 국가를 선택합니다. 여기서는 [대한민국]을 선택했습니다.

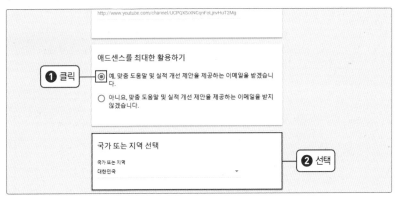

06 해당 국가에 맞는 이용약관이 뜹니다. 읽은 후 [예, 이용약관을 읽고 동의했습니다]를 클릭한 후 [계정 만들기]를 선택합니다.

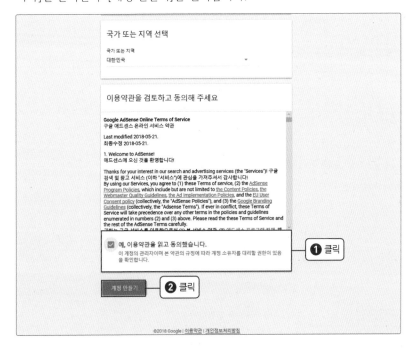

07 수취인 주소 세부 정보를 입력합니다. 애드센스 계정의 활성화를 위한 PIN 번호가 우편으로 배송될 곳이므로 실제로 사용하는 주소를 입력합니다. 완료가 되었다면 하단부의 [제출]을 클릭합니다.

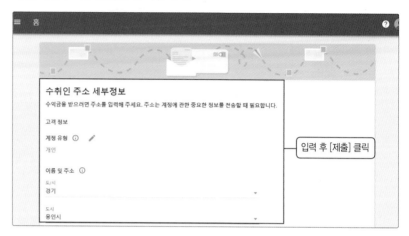

08 전화번호를 입력합니다. 인증 코드 수신 방법을 선택한 후 [인증 코드 받기]를 클릭합니다.

09 인증 코드를 입력합니다. 애드센스 가입이 완료되었습니다.

116

10 유튜브 채널에 애드센스 계정이 연결되면 아래와 같은 화면이 뜹니다. 수익 창출 환경설정을 하기 위해서 [시작하기]를 선택합니다.

11 광고 유형을 선택할 수 있습니다. 특별한 이유가 없다면 광고 유형은 모두 체크하는 것이 좋습니다. 설정이 완료되었다면 [저장]을 선택합니다.

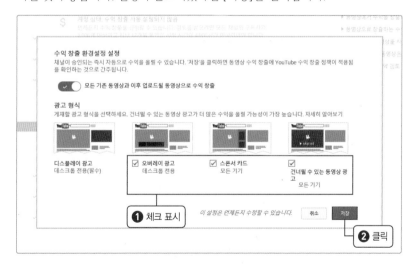

12 이제 조건을 만족하기 위해서 열심히 영상을 업로드하면 됩니다. 조건이 완료되었다고 하더라도 검토 기간이 있으므로 인내심을 가지고 기다려주세요.

⨯ PIN 번호 요청하여 발급

애드센스 계정에 10달러 이상의 수익이 생기면 자동으로 PIN 번호가 등록되어 있는 주소로 우편물이 발송됩니다. 우편물은 약 2~4주 정도가 소요될 수 있습니다. 유튜브의 수익은 월 단위로 수익을 확정한 후 익월 15일 전후로 애드센스에 수익이 이동하므로 유튜브 내에서 10달러 이상의 수익이 생긴다고 해서 바로 PIN 번호를 받는 것은 아닙니다.

10달러 이상이 애드센스로 이관되면 애드센스 메인 화면에 빨간색 알람 창이 뜹니다. 이때 [작업]을 클릭합니다.

4 PIN 번호 수령 후 등록

우편물에 기입된 '귀하의 핀번호'에 적힌 문자를 [PIN 입력] 항목에 정확하게 입력하고 [PIN 제출]을 클릭합니다. PIN 번호가 담긴 우편물이 오지 않으면 일정 시간 이후에 재신청이 가능합니다.

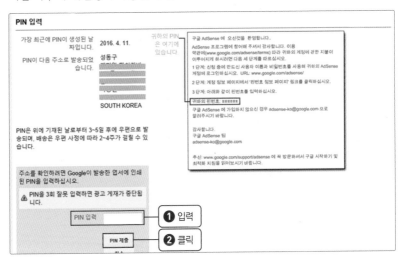

5 수익 지급

유튜브 수익 승인이 난 후에 수익은 애드센스를 통해 정산받게 됩니다. 애드센스는 유튜브 수익뿐만 아니라 웹사이트, 블로그 등에서 얻은 수익도 합산해서 받게 됩니다. 참고로 MCN에 가입하면 '수익창출' 메뉴가 사라지며 애드센스가 아니라 MCN을 통해 수익을 받게 됩니다. 처음 유튜브를 시작하는 분들의 경우 MCN에 가입된 경우가 거의 없기 때문에 애드센스로 수익을 지급받는 방법을 소개하겠습니다.

01 애드센스 사이트(https://www.google.com/adsense)에 접속합니다. 홈 화면에는 유튜브 수익이 아닌 웹사이트, 블로그로 인한 수익이 나타납니다.

02 [지급] 메뉴를 선택합니다. 이번 달에 수령할 금액과 지급받는 방법 등을 설정할 수 있습니다.

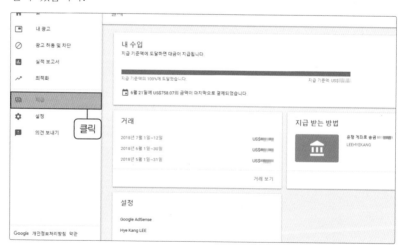

03 지급받을 수 있는 계좌를 설정하기 위해서 [지급 받는 방법]에서 [결제 수단 관리]를 선택합니다.

04 기존에 계좌가 있어도 새롭게 추가할 수 있어요. [결제 수단 추가]를 선택합니다.

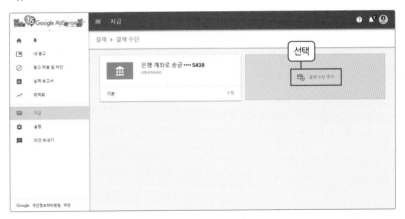

05 은행으로 송금 받는 방식이 편하기 때문에 최근 모두 송금으로 수익을 받는 추세입니다. [새 은행 송금 세부정보 추가]를 선택합니다.

06 은행 정보를 입력합니다. 단, 외화 통장이 필요합니다. 평소 거래하던 은행에 가서 외화 통장을 개설한 후에 진행하면 됩니다. 은행마다 수수료 차이가 있으므로 참고하여 개설하면 됩니다. 입력이 모두 완료되면 [저장]을 누릅니다. 기준 금액을 넘으면 익월 말경 등록한 외화 통장으로 입금됩니다.

은행명	영문 은행명	SWIFT 은행 식별 코드
국민은행	KOOK MIN BANK	CZNBKRSE
기업은행	INDUSTRIAL BANK OF KOREA	IBKOKRSE
농협	NATIONAL AGRICULTURAL COOPERATIVE FEDERATION	NACFKRSEXXX
신한은행	SHIN HAN BANK	SHBKKRSE
우리은행	WOORI BANK	HVBKKRSEXXX
하나은행	HANA BANK	HNBNKRSE
한국씨티은행	CITIBANK KOREA	CITIKRSX
우체국	KOREA POST OFFICE	SHBKKRSEKPO
SC제일은행	STANDARD CHARTERED FIRST BANK KOREA	SCBLKRSE
전북은행	JEONBUK BANK	JEONKRSE
부산은행	BUSAN BANK	PUSBKR2P
대구은행	DAEGU BANK	DAEBKR22
경남은행	KYONGNAM BANK	KYNAKR22XXX
광주은행	KWANGJU BANK	KWABKRSE

▶SWIFT 은행 식별 코드 목록

TIP+

일부 은행의 경우 정보가 갑자기 변동될 수 있으므로 해당 은행 홈페이지를 꼭 확인하기 바랍니다.

잠깐만요 **지급 수수료 절감하는 방법**

대부분의 은행에서 미화 100달러 이상 수령 시 약 1만 원 내외의 수수료가 발생합니다. 지급 금액이 10만 원인데 수수료가 지급액의 10%를 차지한다면 마음이 아프겠죠? 그래서 지급 기준액을 상향시켜서 한 번에 지급받을 수 있는 방법을 소개하려고 합니다.

한 번에 지급되는 한도를 높이면 수수료를 아낄 수 있습니다. [지급]-[설정 관리]를 선택합니다. 지급일정을 수정하기 위해서 ✏을 클릭합니다. 지급 기준액을 높이거나, 지급 일정 예약을 바꿀 수 있습니다. 돈이 급하지 않다면 모았다가 한 번에 받는 것이 유리합니다. 설정이 완료되었다면 [저장]을 선택합니다.

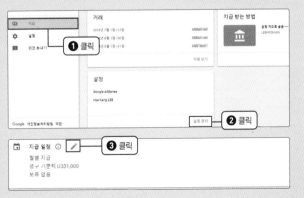

애드센스 수익은 달러로 지급받기 때문에 외화 통장이 필요합니다. 외화 통장은 가까운 은행에 직접 방문해서 개설할 수 있는데 작성할 서류가 꽤 많은 편이므로 여유롭게 시간을 잡고 가는 것이 좋습니다.

외화 통장 발급 시 준비물

• 주민등록증 또는 신분증
• 현금(외화를 일반 통장에 옮길 때 기존 거래 은행이 아니라면 추가 통장 개설이 필요할 수 있는데, 통장 개설 시 1원 이상의 현금이 필요합니다.)

수수료가 가장 저렴한 은행은?
전국은행연합회(http://www.kfb.or.kr)에 접속하면 은행별 수수료를 확인할 수 있습니다.
사이트 접속 후 [은행 수수료 비교]에서 [외환 수수료]를 선택합니다.

[해외로부터 외화송금수수료]를 선택하고 [전체]에 체크 표시한 후 [검색]을 클릭합니다. 은행별 수수료 금액을 확인할 수 있습니다.

국외에서 수취인 부담으로 수수료를 지불하기 때문에 대부분의 은행 수수료는 건당 10,000원입니다(금액별 상세 수수료는 주거래 은행 직원에게 문의하거나 은행 홈페이지의 외화 관련 페이지를 확인하길 바랍니다). 해당 사이트에는 나타나지 않지만 SC제일은행(Standard Chartered)은 300달러 미만일 경우 수수료를 떼지 않아 초기 애드센스로 수익받는 사용자들이 가장 많이 사용하는 은행입니다. 300달러 이상의 수익이라면 수수료 금액 차이가 크지 않으므로 주거래 은행을 사용하면 됩니다.

PART 04
유튜브 동영상 업로드

동영상 업로드 방법 및 전략

동영상 작업을 완료하고 나면 하루라도 빨리 파일을 유튜브에 올리고 싶은 마음이 클 것입니다. 하지만 동영상 작업을 완료한 후 바로 업로드하기보다는 아래와 같은 절차를 거쳐 업로드하는 것을 추천합니다.

1 업로드할 파일 선택

유튜브 사이트(http://www.youtube.com)에 접속한 후 화면 오른쪽 상단의 [업로드]를 클릭합니다. 기본적으로 [공개]로 지정되어 있는데 이를 클릭하여 [비공개]를 선택해 변경합니다. [업로드할 파일을 선택]을 클릭해 내 컴퓨터에서 유튜브에 업로드할 동영상 파일을 선택합니다.

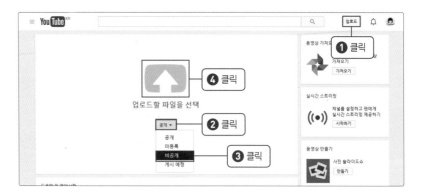

2 비공개로 업로드하는 이유

왜 동영상을 처음 업로드할 때 '공개'가 아닌 '비공개'로 설정해야 할까요? 동영상을 비공개로 업로드하면 아래와 같은 이점이 있습니다.

저작권 보호 '콘텐츠 ID' 사전 확인

유튜브에는 유튜브 채널에 업로드되는 동영상의 저작권을 사전에 필터링할 수 있는 시스템이 있습니다. 따라서 업로드된 동영상이 타인의 저작권을 침해하는 경우 '제3자 콘텐츠와 일치'로 인식해 아예 동영상이 업로드되지 않도록 막고 있습니다. 음원의 경우 저작권자가 게시를 허용한 상태라면 문제 없이 업로드는 되지만, 동영상에 대한 수익이 음원 저작권자에게 가는 경우가 있습니다. 또 무료 음원을 사용하는 경우에도 누군가 저작권에 대한 소유를 걸어두었다면 이 역시 수익이 해당 저작권자에게 가기도 합니다. 따라서 동영상을 게시하여 유튜브에 공개하기 전에 해당 음원을 사용하는 데 문제가 없는지 미리 확인하고 문제가 있다면 해당 음원을 삭제한 후 다시 업로드하는 것이 좋습니다.

아래 이미지 속 동영상은 필자가 직접 제작했지만 무료 음원이 아닌 음원을 사용해 수익을 창출할 수 없게 된 예입니다. 무료 음원이라고 생각한 음원을 동영상에 삽입한 후 게시를 하였는데 '제3자의 콘텐츠와 일치'라는 경고 메시지가 떠서 수익은 창출할 수 없게 되었고, 동영상에 붙은 광고 수익은 음원 저작권자에게 가게 되었습니다. 하지만 이미 동영상이 공개되어 채널에서 삭제하지 않고 그대로 둔 예입니다.

▶음원 저작권으로 인해 수익을 창출할 수 없게 된 영상의 예

동영상 품질 향상

유튜브에 동영상을 업로드하면 저화질 영상부터 먼저 업로드된 후 영상 품질이 점차 개선됩니다. 따라서 '공개'로 바로 영상을 올리면 즉시 본 시청자들에게는 저해상도의 영상으로 보입니다. 그러므로 동영상을 '비공개'로 먼저 올리고 동영상의 품질을 개선한 후에 '공개'로 전환하는 것이 좋습니다. 품질 개선을 하는데 걸리는 시간은 영상 길이에 따라 다르며, 1분 내의 영상의 경우 업로드 후 바로 공개해도 거의 원래의 품질로 업로드됩니다. 동영상의 품질은 해당 화면의 [설정] 아이콘(⚙)을 클릭한 후 원하는 품질을 선택할 수 있습니다.

▶동영상 품질 선택 화면

구독자와의 방송 시간 패턴화

유튜브에서는 구독자와의 관계가 중요합니다. 동영상을 만든 후 바로 공개하면 영상 업로드 시간이 불규칙해집니다. 먼저 비공개로 올린 후 '예약' 기능을 이용해 방송 업데이트 시간을 정기적으로 정한 후 업로드하는 것이 좋습니다. 예를 들어 필자가 운영중인 '말이야와 친구들' 채널은 평일은 오후 4시, 공휴일이나 주말은 오전 8시에 업로드하고 있습니다. 점차적으로 해당 채널의 팬들이 생기고 나니, 동영상 업로드 시간을 맞춰서 바로 영상을 보고 댓글을 다는 구독자들이 많아졌습니다.

알람

구독자들이 채널에 동영상이 업로드되는 경우 알람이 울리도록 설정해 두면 업로드 시 스마트폰에 알람이 나타납니다. 동영상의 주제에 따라 다를 수는 있지만 유튜브 동영상이 소비되는 기기의 70~80% 이상이 스마트폰입니다. 따라서 동영상을 업로드할 때에는 구독자에게 알람이 울릴 수 있도록 설정하는 것이 중요합니다. '비공개'로 설정하는 경우에는 알람이 울리지 않지만, '비공개'에서 '공개', '예약'으로 업로드 설정을 변경할 수 있기 때문에 처음 동영상을 올릴 때에는 '비공개'로 업로드하는 것이 좋습니다.

무작정 따라하기 19 ▶ 동영상 업로드 시 '공개' 또는 '예약'으로 변경하기

01 [내 채널]-[크리에이터 스튜디오]를 클릭합니다. [동영상 관리자]에서 [동영상]을 선택합니다. 변경할 영상의 [수정]을 선택합니다

TIP+

스튜디오 버전이 다르게 표시되는 경우 부속 12쪽의 '유튜브 채널 관리 전, 꼭 읽어보세요!'를 참고해 스튜디오 설정을 변경 후 실습을 따라하세요.

02 '비공개'로 되어 있던 영상을 원하는 방식으로 변경할 수 있습니다. 단 이미 공개된 영상의 경우 '예약' 기능이 비활성화되어 있습니다. '예약' 기능은 전화인증 이후에 사용할 수 있습니다.

3 업로드 기본 설정 지정

동영상을 업로드할 때 동일하게 적용할 기본적인 설정은 미리 지정할 수 있습니다. [크리에이터 스튜디오]의 [채널]-[업로드 기본 설정]을 차례로 선택합니다.

기본 설정을 지정한 후 [저장]을 선택해 두면 매번 같은 설정을 할 필요가 없습니다. 물론 기본 설정으로 지정했던 사항은 영상을 올릴 때 세부적으로 변경할 수 있습니다.

▶유튜브 [크리에이터 스튜디오]의 업로드 기본 설정

항목	추천 설정	비교
ⓐ 개인정보	비공개	'비공개'로 업로드한 후 '예약' 혹은 '공개'로 전환하는 것이 좋습니다.
ⓑ 카테고리	선택	카테고리는 자주 업로드하는 주제에 맞추어 설정해 둡니다.
ⓒ 라이선스	선택	일반적으로 '표준 YouTube 라이선스'로 선택합니다. '크레이티브 커먼즈-저작권표시'는 본인의 영상을 다른 사람이 써도 되는 경우에만 사용합니다.
ⓓ 제목, 설명, 태그	기입	동일하게 입력하는 내용을 미리 적어두면 편합니다.
ⓔ 광고 형식	모두 체크	기본 설정에 광고를 모두 체크하면 매번 지정하지 않아도 됩니다.

▶기본으로 저장하면 좋은 항목

'메타데이터'의 이해

유튜브에 동영상을 올린다면 반드시 알아야 할 것이 '메타데이터'입니다. 유튜브에 올린 동영상이 아무리 좋아도 시청자들에게 검색되지 않고 노출되지 않는다면 아무도 보지 않겠죠? 그래서 필요한 것이 '메타데이터'입니다. 메타데이터를 통해 유튜브에서 내 채널의 동영상이 검색되고, 다른 동영상을 통해 추천됩니다.

1 메타데이터에 영향을 끼치는 요소

메타데이터에 영향을 끼치는 요소는 ❶제목 ❷내용 ❸태그 ❹자막입니다. 이 중에서 가장 중요한 것은 '제목'입니다. 따라서 제목을 작성할 때에는 중요한 키워드가 될 수 있는 메타데이터를 반드시 포함해야 합니다.

아래의 영상에서 '인포그래픽'과 '파워포인트'를 중요 키워드로 선택하고 제목, 내용, 태그에 모두 포함시켰습니다. 물론 메타데이터를 제목에 포함했다고 시청자가 '파워포인트'를 검색했을 때 해당 동영상이 검색되는 것은 아닙니다. 하지만 동영상이 좋은 영상으로 평가를 받게 되면 '파워포인트'를 메타데이터로 쓴 다른 동영상보다 검색 결과에서 상위에 나타날 수 있습니다.

132

[자막]에서 추가한 자막 내용도 메타데이터로 처리됩니다. [새 자막 추가]를 선택해 자막을 추가할 수 있습니다.

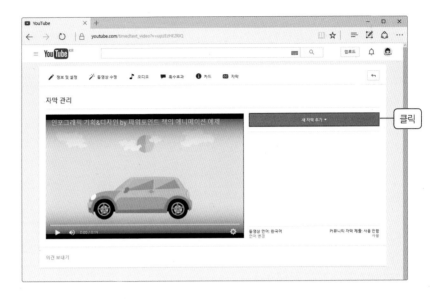

　　자막을 깔끔하게 보여주기 위해서 동영상을 편집할 때 영상 안에 자막을 포함시키는 크리에이터가 많습니다. 이 경우에는 자막이 메타데이터로 처리되지 않습니다. **유튜브에서 제공하고 있는 [자막] 기능을 활용해 자막을 추가해야 메타데이터로 자막 내용이 추가되어 검색 결과에 해당 동영상이 노출될 확률이 높아집니다.** 동영상에 자막을 추가하는 것은 꽤 많은 노력이 필요합니다. 그러므로 유튜브를 처음 시작할 때에는 영상에 자막을 넣기보다는 먼저 더 좋은 영상을 많이 만들고, 영상의 인기가 높아져서 해외에서도 인기를 얻고 싶어질 때, 그때 자막을 추가하는 것이 좋습니다.

② 메타데이터가 주는 결과

검색

한 달간 '말이야와 친구들' 채널 영상 조회수의 5%인 118만 건(2018년 4월 기준)이 '검색'을 통해 조회됩니다. 즉 유튜브에서 '검색'을 통해 동영상이 조회되는 경우가 많다는 것입니다. 내가 올린 동영상이 검색되기 위해서는 다음 예시 이미지처럼 메타데이터가 동영상의 제목, 내용, 태그, 자막 등에 포함되어야 유리합니다.

▶유튜브에서 '파워포인트 애니메이션'을 검색하여 나온 결과

추천 동영상

유튜브 동영상을 PC에서 재생할 때에는 화면 오른쪽에서, 모바일에서 재생할 때에는 동영상 아래쪽에 추천 동영상 목록이 나타납니다. **'추천 동영상'은 현재 재생 중인 동영상의 메타데이터와 비슷한 영상 중 영상 지수가 좋은 영상을 유튜브에서 추천해 목록으로 보여줍니다.** 추천 동영상은 본인의 채널 내 동영상일 수도 있고, 다른 사람의 동영상일 수도 있습니다. 아래 예시 동영상의 경우 '캐릭터 메이크업'이 메타데이터가 되어 [다음 동영상]으로 추천되는 영상에 다른 '캐릭터 메이크업' 영상이 나타났습니다. 그 외의 다른 동영상은 '말이야와 친구들'의 다른 영상으로, '말이야와 친구들'도 메타데이터가 되었기 때문에 해당 동영상에 추천 동영상으로 나타난 것입니다.

▶메타데이터를 기준으로 관련 영상이 추천되는 '추천 동영상'

탐색(유튜브 홈 화면)

'탐색'은 쉽게 말해 사용자가 유튜브에 처음 접속했을 때 보게 되는 화면으로, 유튜브의 홈 화면이라고 생각하면 됩니다. 탐색 화면은 유튜브 사용자의 패턴을 분석한 후 사용자가 좋아할 만한 영상 혹은 구독한 영상을 보여줍니다. 좋아할 만한 영상을 추천할 때에는 기존에 보았던 영상과 비슷한 주제를 추천하게 되는데, 이때 '메타데이터'가 활용됩니다.

▶PC로 유튜브에 접속했을 경우의 탐색 화면

▶모바일로 유튜브에 접속했을 경우의 탐색 화면

메타데이터 설정 및 적용

동영상의 메타데이터를 작성할 때 본인이 생각나는 한에서 최대한 키워드를 추출해 제목, 내용, 태그를 입력하는 경우가 많습니다. 그러나 메타데이터를 작성할 때에는 더 많이 검색되는 키워드를 먼저 넣고, 내용과 태그에는 해당 키워드가 모두 포함될 수 있도록 만드는 것이 좋습니다. 예를 들어 '달고나 만들기'와 '달고나 만드는 방법'은 같은 의미라고 해도 검색량이 다를 수 있습니다. 아래에서 설명하는 키워드를 찾는 방법 중 본인에게 편한 방법을 찾아 이용해 보세요.

1 유튜브 검색 활용

많이 검색되는 키워드를 찾는 가장 쉬운 방법은 유튜브 검색창에 주요 키워드를 입력하는 것입니다. 자동 완성으로 나타나는 키워드들은 검색이 많이 되는 순으로 나열됩니다. 예를 들어 '액체괴물'이라고 검색창에 입력했을 때 '액체괴물'보다 '액체괴물만들기'가 더 많이 검색되는 것을 알 수 있습니다. 이 경우 제목을 정할 때 '액체 괴물 만들기'를 띄어 쓰지 않고 '액체괴물만들기'로 하는 것이 더 유리하겠죠?

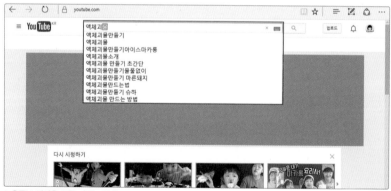

▶ 유튜브 검색을 통한 키워드 분석

② 네이버 검색광고 활용

우리나라 사람들이 가장 많이 이용하는 검색 사이트인 '네이버'에서도 검색량을 파악할 수 있습니다. 물론 유튜브와 네이버의 조회수가 다를 수 있긴 하지만, 우리나라 사람들이 어떤 주제에 대해 관심을 가지고 있는지, 단어를 검색할 때 어떤 규칙이나 습관이 있는지 파악하기 좋습니다. 먼저 네이버 검색광고(http://searchad.naver.com) 사이트에 접속한 후 로그인을 합니다. 네이버 아이디와는 별개로 회원가입을 해야 합니다. 회원가입을 마친 다음 로그인한 후에 [광고시스템]을 클릭합니다.

▶ 네이버 검색광고 사이트 시작 화면

[도구]의 [키워드 도구]에서 주제 키워드를 넣고 조회하면 해당 키워드에 대한 PC, 모바일의 월간 조회수를 알 수 있습니다. 그 외에도 해당 키워드와 연관된 키워드에 대한 조회수도 제공하고 있어 메타데이터를 작성할 때 하나의 키워드뿐만 아니라 다른 키워드도 확장하여 추가할 수 있습니다.

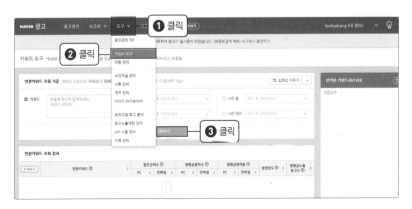

③ 키워드 툴(Keyword Tool) 활용

유튜브에서 많이 검색되는 키워드를 조회할 수 있는 사이트입니다. 물론 실제 조회수를 알기 위해서는 사용료를 내야 하지만 많이 검색되는 키워드의 순서는 무료로 확인할 수 있습니다.

무작정 따라하기 20 | **Keyword Tool 사이트에서 인기 검색어 복사하여 유튜브에 적용하기**

01 먼저 Keyword Tool 사이트(http://keywordtool.io)에 접속합니다. [YouTube] 탭을 선택하고 조회하고 싶은 키워드를 입력한 후 Enter 를 누릅니다. 예를 들어 검색창에 '달고나'라고 입력하고 Enter 를 누르면 아래와 같이 많이 검색되는 순서대로 목록이 나타납니다.

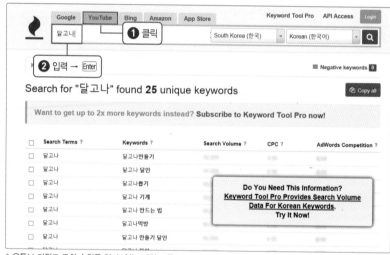

▶유튜브 키워드 조회 순위를 알 수 있는 키워드 툴(KeyWord Tool) 사이트 화면

138

02 영상과 유사한 키워드의 체크 박스를 클릭하여 모두 선택한 후 오른쪽 하단에 있는 [Copy]를 클릭하면 해당 키워드가 모두 복사됩니다.

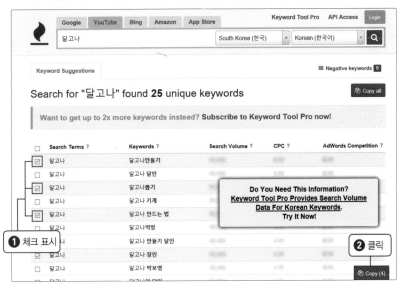

03 태그를 입력하기 위해 유튜브에서 [크리에이터 스튜디오]-[동영상 관리자]-[동영상]을 차례로 클릭한 후 [수정]을 선택합니다. 태그 입력란에 Ctrl + V 를 눌러 붙여넣기하면 방금 전 키워드 툴 사이트에서 복사했던 키워드가 자동으로 태그에 추가됩니다. [변경사항 저장]을 클릭해 내용을 저장합니다.

동영상 오르기

동영상을 업로드하면 제목과 내용은 보이지만 태그는 보이지 않습니다. 하지만 태그를 볼 수 있는 방법이 있기 때문에 관련 없는 태그를 넣으면 안 됩니다. 동영상과 관련 없는 태그를 사용한 크리에이터를 신고하는 사용자도 있기 때문입니다. 그러므로 영상에는 반드시 적절한 태그를 사용하세요.

크롬 브라우저로 유튜브에 접속한 후 태그를 확인하고 싶은 영상을 클릭합니다. 댓글 영역에서 마우스 오른쪽 버튼을 클릭한 후 [페이지 소스 보기]를 선택합니다.

Ctrl + F 를 눌러 찾기를 실행한 후 검색창에 'tag'라고 입력합니다. 'tag content=' 이후에 있는 부분이 영상을 올린 사람이 입력한 태그입니다.

내 동영상이 유튜브에서 검색된다고 너무 기뻐하지 마세요. 유튜브는 사용자의 동영상 시청 패턴에 맞게 검색 결과를 다르게 보여주기 때문에 사람마다 검색 결과가 다를 수 있습니다. 인기가 많은 동영상은 공통적으로 상위에 노출되지만, 사용자의 관심 패턴에 따라 특정 동영상이 검색의 상위에 노출되기도 합니다. 본인이 자신의 채널을 시청한 것도 사용자 관심 패턴에 반영되기 때문에 본인의 동영상을 검색하면 내 동영상이 상위에 노출되는 경우가 많습니다.

이런 경우에는 검색 기록을 삭제한 후 실제 검색 순위를 확인해 보세요. 자주 사용하는 인터넷 브라우저를 쓰기보다는 잘 쓰지 않는 브라우저(익스플로러, 엣지, 크롬, 스윙 브라우저 등)을 사용하는 것이 좋습니다. 필자의 경우 평소에는 크롬과 엣지를 사용하기 때문에 검색 결과를 확인할 때에는 익스플로러를 사용합니다. 인터넷 익스플로러에서 사용자 맞춤을 해제해 보겠습니다. 먼저 인터넷 익스플로러를 실행한 후 [도구] 아이콘(⚙)을 클릭하고 [인터넷 옵션]을 선택합니다.

[검색 기록]에서 [삭제]를 선택한 후 [확인]을 클릭합니다. 삭제할 경우 사용자가 보았던 웹 페이지, 검색 기록 등이 모두 삭제되기 때문에 공통적으로 반영되는 검색 순위를 확인할 수 있습니다.

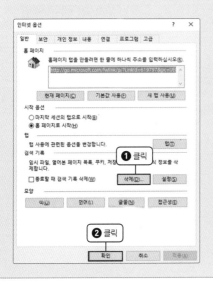

TIP+

만약 크롬을 사용 중이라면, 크롬을 실행한 후 Ctrl + Shift + N을 눌러 '시크릿 모드'를 활성화하면 쿠키를 지운 채 볼 수 있습니다.

동영상 업로드

141

04 섬네일(미리보기 이미지) 제작 및 주의사항

유튜브에서 영상을 클릭하기 전에 보이는 이미지를 '미리보기 이미지' 또는 '섬네일'이라고 합니다. 섬네일을 통해 어떤 채널인지 바로 확인할 수도 있고 영상의 클릭률이 달라지기 때문에 영상을 대표할 수 있으면서도 호기심을 자극할 수 있는 고화질의 이미지를 업로드하는 것이 좋습니다.

섬네일 이미지 크기

모바일로 볼 때는 섬네일 이미지의 크기가 작게 보이기 때문에 작은 이미지를 써도 상관없지만 TV, PC와 같은 매체에서도 깨끗하고 선명하게 보이려면 고화질 이미지로 제작해야 합니다. 유튜브 섬네일 이미지로 제작할 수 있는 **최대 크기는 1280×720px(33.9cm×19.05cm)입니다.** 이 비율과 크기에 맞춰서 제작하는 것이 좋습니다.

▶ '말이야와 친구들' 채널의 동영상 섬네일

1 섬네일의 중요성

아래 첫 번째 이미지는 처음 영상을 업로드했을 때의 섬네일입니다. 기존의 구독자들 덕분에 초반에는 조회수가 나왔지만 흥미를 끌지 못한 섬네일로 인하여 조회수가 지속적으로 떨어진다는 것을 알게 됐습니다. 그래서 호기심을 일으킬수 있는 섬네일로 변경하였습니다.

▶ '입 안대고 음료수 먹기 챌린지' 섬네일 변경 전

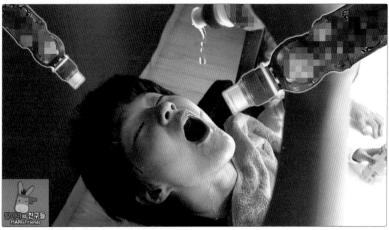

▶ '입 안대고 음료수 먹기 챌린지' 섬네일 변경 후

그 결과, 섬네일을 변경한 날짜인 14일부터 조회수가 다시 오르기 시작하면서 처음 영상을 업로드한 시점보다 더 높은 조회수가 나왔습니다. 이렇게 유튜브에서는 섬네일 하나만으로도 클릭률이 달라지기 때문에 섬네일 제작에 신경을 쓰는 것이 좋습니다.

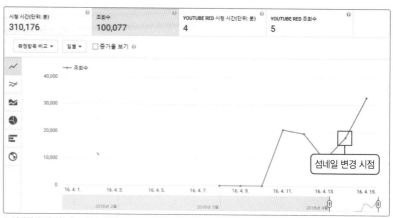

▶섬네일만 변경한 후 조회수 추이

2 파워포인트로 섬네일 제작

일반적으로 섬네일은 포토샵이나 파워포인트로 제작합니다. 이번 과정에서는 많은 사람들이 사용하는 파워포인트를 활용하여 섬네일을 제작하는 방법에 대해 살펴보겠습니다.

'파워포인트 2013' 이상 버전의 슬라이드 크기와 섬네일 권장 크기가 동일하기 때문에 슬라이드 크기를 별도로 변경할 필요가 없습니다. '파워포인트 2010' 이하 버전을 사용한다면 [디자인] 탭-[페이지 설정] 그룹에서 슬라이드 크기를 섬네일 권장 사이즈인 33.9cm×19.05cm로 변경한 후 작업합니다.

무작정 따라하기 21 파워포인트를 활용해 섬네일 만들기

01 파워포인트를 실행한 후 [삽입] 탭-[이미지] 그룹에서 [그림]을 차례로 클릭해 섬네일로 사용할 사진을 불러와 슬라이드에 배치합니다. 사진의 비율과 슬라이드의 비율이 동일하지 않다면 동일하게 변경해야 합니다.

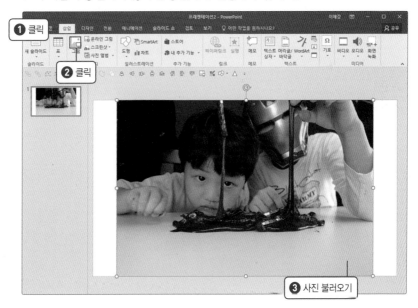

02 사진을 슬라이드의 가로 또는 세로에 맞춰서 크기를 맞춘 후 이미지를 선택합니다. 그리고 [서식] 탭-[크기] 그룹에서 [자르기]를 이용해 슬라이드를 벗어난 사진을 자르기한 후 다시 [자르기]를 클릭해 마무리합니다.

03 [삽입] 탭-[일러스트레이션] 그룹에서 [도형]을 클릭하고 '액자' 모양 도형을 선택한 후 슬라이드 크기에 맞게 도형을 만듭니다.

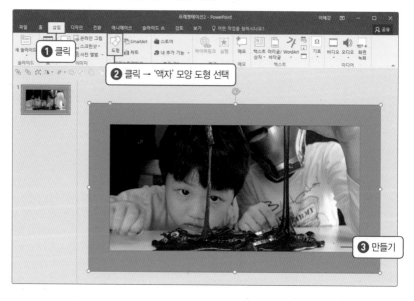

04 액자 도형에 있는 노란색 조절점(◯)을 클릭한 상태에서 드래그하여 두께를 조정합니다. [서식] 탭-[도형 스타일] 그룹의 [도형 채우기]에서 채널 브랜딩 색을 선택하고 [도형 윤곽선]은 '윤곽선 없음'을 선택합니다.

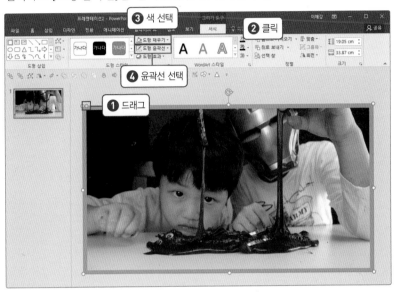

05 [삽입] 탭-[일러스트레이션] 그룹에서 [그림]을 이용해 채널의 로고 이미지를 삽입한 후 섬네일 사진 위에 배치하여 섬네일만 보아도 해당 채널임을 알 수 있게 브랜딩합니다.

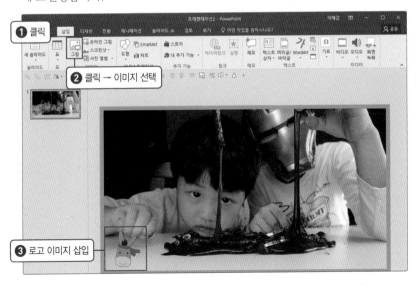

147

모바일에서는 오른쪽 하단부에 영상 시간이 표시됩니다. 따라서 섬네일을 제작할 때는 오른쪽 하단부에 중요한 텍스트나 이미지가 들어가지 않게 제작해야 합니다. 채널 로고를 넣는다면 오른쪽 상단 또는 왼쪽 하단이 좋습니다. 참고로 시청한 영상의 경우 '시청함'이라는 검은 상자가 왼쪽 상단에 뜨므로 왼쪽 상단에는 로고를 넣지 않는 것이 좋습니다.

▶모바일에서 보이는 섬네일 예시

영상 시간이 표시되는 부분을 피하고 싶다면 파워포인트에서 [보기] 탭-[표시] 그룹의 '눈금자'와 '안내선'에 체크 표시해 눈금선과 안내선을 보이게 합니다. 영상 시간이 표시되는 검은 영역은 눈금선 기준으로 가로는 오른쪽 '4.75~14.5cm', 세로는 하단부 '1~7cm' 사이입니다. 안내선 조정은 안내선 위에 마우스 커서를 두고 커서 모양이 바뀌면 드래그를 통해 이동할 수 있고, 안내선을 추가하고 싶다면 [Ctrl]을 누른 상태에서 드래그하면 추가됩니다. 이미 안내선이 지정된 파워포인트를 사용하고 싶다면 길벗 홈페이지에서 제공한 해당 책의 [실습자료]의 '섬네일.pptx' 파일을 실행한 후 [보기] 탭-[표시] 그룹의 '안내선'에 체크 표시한 후 바로 사용해도 됩니다.

▶안내선 표시 예시

06 섬네일에 텍스트를 넣고 싶다면 [삽입] 탭-[일러스트레이션] 그룹에서 [텍스트 상자]를 선택해 텍스트를 입력합니다. 사진 위에 글자를 넣어야 하기 때문에 진하고 잘 보이는 폰트를 이용해 삽입하는 것이 좋습니다.

07 섬네일 제작을 완료했다면 [파일] 탭-[다른 이름으로 저장]을 선택한 후 저장할 위치를 선택합니다.

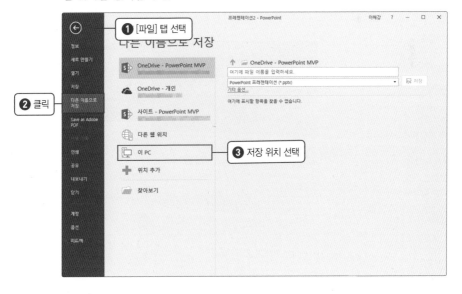

08 [다른 이름으로 저장] 대화상자가 나타나면 [파일 이름]을 입력하고 [파일 형식]은 [JPEG 파일 교환 형식]을 선택한 후 [저장]을 클릭합니다.

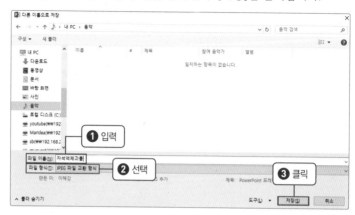

09 동영상을 업로드할 때 제작한 이미지를 업로드해도 됩니다. 이미 업로드된 영상이라면 [크리에이터 스튜디오]-[동영상 관리자]-[동영상]에서 [수정]을 클릭하고 [맞춤 미리보기 이미지]를 선택하여 섬네일을 추가하거나 변경합니다.

TIP+
유튜브에서 자동으로 [맞춤 미리보기 이미지]를 3개 추출하여 보여줍니다. 맞춤 미리보기 이미지는 영상 클릭률에 큰 영향을 주므로 추출된 이미지 보다는 직접 적절한 이미지를 만들어 삽입하는 것이 좋습니다.

PART 05
크리에이터 스튜디오

채널의 상태를 한번에 확인하는 '대시보드'

'대시보드'는 채널의 상태를 한번에 확인할 수 있는 메뉴입니다. 대시보드로 중요한 알림을 받기도 하고, 유튜브의 중요한 업데이트나 구글코리아에서 주최하는 행사에 초대받는 메시지를 받기도 합니다. 이렇게 대시보드 혹은 가입한 이메일을 통해 구독자와 시청 시간에 따른 이벤트에 초청받는 경우가 많으므로 정기적으로 대시보드와 이메일을 확인하는 것이 좋습니다.

유튜브 홈 화면에서 [내 채널] 아이콘을 클릭한 후 [크리에이터 스튜디오]를 선택하면 '대시보드'로 들어갈 수 있습니다.

TIP+

스튜디오 버전이 다르게 표시되는 경우 부속 12쪽의 '유튜브 채널 관리 전, 꼭 읽어보세요!'를 참고해 스튜디오 설정을 변경 후 실습을 따라하세요.

'대시보드'에서는 '분석', '조회수', '구독자', '댓글', '도움말' 등을 확인할 수 있고 '위젯 추가' 메뉴를 통해 원하는 위젯을 추가 또는 삭제할 수 있습니다. 대시보드에서 [도움말]의 [모두 보기]를 선택하면 기존에 왔던 알람을 모두 확인할 수 있습니다.

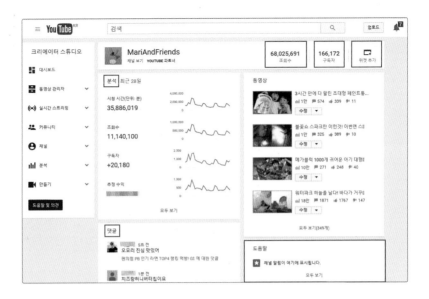

[알림] 메뉴에 들어가면 알림 내용을 확인할 수 있습니다. 자세한 내용을 확인하거나 관련 사항을 완료한 경우에는 목록의 왼쪽에 초록색 체크 모양 아이콘(◉)이 생깁니다.

인기 동영상 제작

잠깐만요 **대시보드에서 [도움말]이 보이지 않는 경우**

대시보드에서 [도움말]이 보이지 않는다면 [위젯 추가]를 선택한 후 [도움말]의 [+]를 클릭해 추가할 수 있습니다.

잠깐만요 **대시보드의 위젯 위치 변경**

대시보드에 있는 위젯의 위치를 변경하고 싶다면 먼저 구글 크롬에서 유튜브에 접속한 후 [크리에이터 스튜디오]
–[대시보드]를 차례로 클릭합니다. 그리고 옮기고 싶은 위젯에 마우스 커서를 갖다 댄 후 [격자무늬] 아이콘(▦)을 클
릭한 채 이동하고 싶은 위치로 드래그하여 이동합니다.

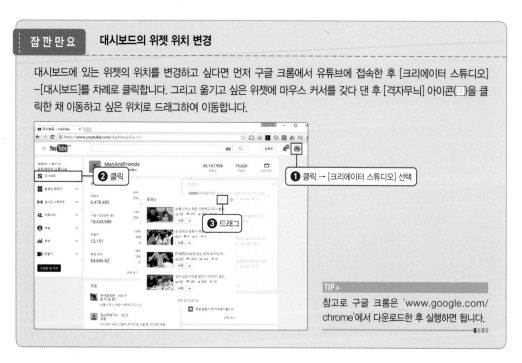

TIP+

참고로 구글 크롬은 'www.google.com/
chrome'에서 다운로드한 후 실행하면 됩니다.

02 동영상 편집부터 관리까지 가능한 ▶ '동영상 관리자'

'동영상 관리자'를 통해 채널에 있는 모든 동영상을 한 번에 관리하고 확인할 수 있습니다. 시청자들이 쉽게 주제별로 영상을 찾아볼 수 있는 재생목록을 추가하고 관리할 수도 있습니다.

1 동영상

[크리에이터 스튜디오]의 [동영상 관리자]-[동영상]을 차례로 선택한 후 수정하고자 하는 동영상에 있는 [수정]의 내림 단추[▼]를 클릭합니다.

　'동영상 수정', '오디오', '특수효과', '카드', '자막'은 '정보 및 설정'에서 한 번에 수정할 수 있습니다. '국가별 차단'은 특정 국가에서 해상 영상이 노출되지 않도록 설정할 수 있는 기능입니다. 보통 저작권이 중요한 방송국에서 많이 사용하는 기능이지만, 일반 사용자의 경우 많은 나라에 노출될수록 좋기 때문에 별도로 설정하지 않는 것이 좋습니다. '홍보하기'는 광고비를 지불하여 해당 영상을 홍보할 때 사용하는 기능입니다. '홍보하기'를 사용하고 싶다면 252쪽의 구글 애드워즈 내용을 참고하세요.

▶ '크리에이터 스튜디오'의 '동영상 관리자' 화면

정보 및 설정

[정보 및 설정]을 클릭하면 동영상에 관련된 메타데이터를 수정할 수 있으며 이 경우 검색에 바로 반영됩니다. 메타데이터에 영향을 끼치는 제목, 설명, 태그, 자막은 모두 '정보 및 설정'에서 수정이 가능합니다.

동영상 수정

유튜브에서 업로드할 동영상의 간단한 색감 보정, 일괄적인 속도 조정 등이 가능합니다. **[동영상 수정]을 클릭하면 동영상의 색상이나 손떨림, 영상 자르기, 속도 등을 수정할 수 있습니다.** 하지만 한 번 동영상을 업로드하면 영상 안의 내용은 변경할 수 없기 때문에 영상을 업로드하기 전, 오타 등이 있는지 잘 검토해야 합니다. 수정 전까지는 시청자에게 기존에 업로드한 영상이 보이고 수정이 완료되면 수정된 영상이 보입니다.

오디오

영상 편집은 전문 편집 프로그램 사용을 추천하지만, 만약 기존에 있는 영상에 음악을 추가해 바로 업로드해야 한다면 유튜브에서 제공하는 무료 음원을 바로 추가해 업로드할 수 있습니다. 이때 **유튜브에서 제공되는 음원이라고 할지라도 유료 음원을 사용할 때는 수익이 창출되지 않으므로 무료 음원인지 반드시 확인하고 추가하는 것을 추천합니다.**

최종 화면

영상 마지막 최대 20초까지 최종 화면을 넣을 수 있습니다. 영상이 끝난 후 내가 추천하고 싶은 영상을 추천할 수 있습니다. 최종 화면까지 영상을 본 시청자는 내 채널에 흥미가 있는 사람이기 때문에 최종 화면에서 추천하는 영상을 클릭할 확률이 높습니다. 그래서 추천한 영상의 조회수가 오르는 효과가 있습니다.

최종 화면에는 구독 아이콘도 추가할 수 있습니다. '말이야와 친구들' 채널 처럼 뒤에 20초 이내로 최종 화면 영상을 따로 만들어서 업로드한 후 위치에 맞게 영상과 구독 이미지를 배치하면 시청자가 보고 클릭하기에 좋습니다. 참고로 최종 화면 메뉴는 처음 영상을 업로드한 화면에는 보이지 않습니다. 영상이 모두 변환된 후에 해당 페이지에서 나갔다가 다시 [수정]을 눌러 돌아오면 나타납니다.

카드

[카드]는 PC뿐만 아니라 모바일에서도 화면에 🛈 모양으로 표시되는 기능입니다. 사용자에게 보여주고 싶은 카드를 원하시는 시점에 보여줄 수 있기 때문에 **자주 사용되는 기능입니다.** 동영상 또는 재생목록을 추가할 수도 있고 영상에서 함께 제작한 유튜브 채널이나 기업의 채널을 홍보하기도 합니다. 또한 링크를 통해서 외부 사이트로 연결시킬 수도 있습니다.

159

영상 속에서 설문조사를 포함할 수도 있어서 시청자의 의견을 물어볼 수도 있습니다.

설문조사의 [만들기]를 클릭하여 [설문조사] 창이 나타나면 질문을 입력하고 설문조사를 할 때 선택할 수 있는 답안을 미리 입력해 둡니다. 내용 입력이 완료되면 [카드 만들기]를 클릭합니다.

설문조사의 결과는 해당 설문조사 카드의 그래프 모양 아이콘을 선택하여 확인할 수 있습니다. 영상에서 직접 카드를 클릭해 설문조사를 해달라고 언급할 경우 더 높은 참여율을 끌어낼 수도 있습니다.

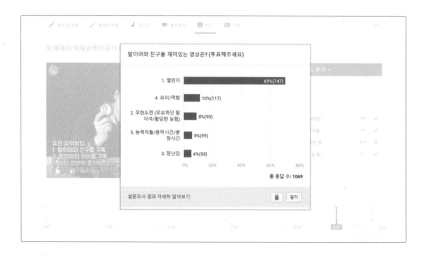

자막

동영상에 자막을 추가할 수 있습니다. [새 자막 추가]를 선택하여 추가할 자막 언어를 검색한 후 [확인]을 클릭합니다.

동영상에 자막을 추가하는 방법은 두 가지가 있습니다. 자막 파일을 이용해 파일을 업로드할 수도 있고, 유튜브 자체에서 제공하는 자막 입력 기능으로 '새 자막 만들기'를 할 수도 있습니다. 이 책에서는 별도의 프로그램이 필요 없는 [새 자막 만들기]로 자막을 넣어보겠습니다.

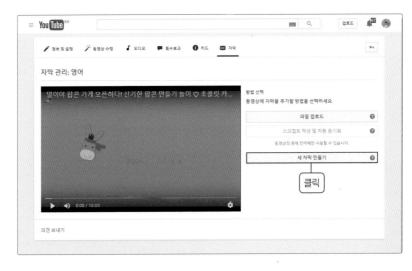

영상이 재생되면 자막을 입력할 수 있습니다. 영상 하단부에 자막 길이를 조정하면서 소리에 맞게 자막을 배치하면 됩니다. 입력을 마친 후 [게시]를 클릭하면 바로 자막이 해당 영상에 반영됩니다.

2 재생 목록

[동영상 관리자]-[재생 목록]을 선택하면 현재 내 채널에 업로드된 동영상 목록을 관리할 수 있습니다.

재생목록의 메타데이터 설정이 중요한 이유

재생목록도 검색에 노출됩니다. 예를 들어 재생목록의 이름을 '말이야와 친구들'로 지정했고 사람들이 해당 재생목록을 많이 클릭했다면 나머지 재생목록도 검색결과 상위에 노출될 수 있습니다.

▶검색에 노출되는 재생목록

또한 시청자가 단일 영상을 클릭하는 것보다 재생목록을 클릭하는 것이 더 좋습니다. 단일 영상의 경우 유튜브의 추천 영상만 보이지만, 재생목록을 클릭해서 영상을 시청한 경우에는 재생중인 동영상 오른쪽에는 추천 영상이, 위쪽에는 재생목록이 보이고 클릭하여 재생한 영상이 끝나면 해당 재생목록 내의 다른 영상이 자동으로 재생됩니다. 즉 자신의 채널의 재생목록 내에서 영상이 소비되기 때문에 유리합니다.

새로운 재생목록 만들고 동영상 추가하기

01 재생목록을 추가하고 싶다면 [동영상 관리자]-[재생 목록]을 차례로 클릭합니다. [새 재생목록]을 선택한 후 [재생목록 제목] 입력란에 새로운 재생목록 이름을 입력하고 [만들기]를 클릭합니다. 제목 역시 메타데이터가 되므로 중요한 키워드를 담은 제목으로 설정합니다.

02 새로운 재생목록이 생성됩니다. [수정]을 선택합니다.

03 재생목록 안에 영상을 추가하기 위하여 [동영상 추가]를 선택합니다.

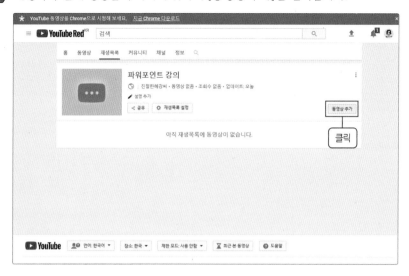

04 [동영상 검색]이나 [URL]을 통해 직접 영상을 가져올 수도 있고, 본인의 영상에서 가져오는 [내 YouTube 동영상]을 선택할 수도 있습니다. 추가할 영상을 선택한 후 [동영상 추가]를 선택합니다.

인기 동영상 제작

05 파워포인트 강의에 관련된 동영상을 재생목록에 추가하였습니다. [설명 추가]를 클릭해 해당 재생목록의 설명을 추가할 수도 있습니다. 설명 역시 검색이나 추천 동영상의 메타데이터에 영향을 끼칠 수 있으므로 중요 키워드는 포함하여 입력하는 것이 좋습니다.

잠깐만요 **재생목록 순서 변경하는 방법**

재생목록의 순서를 조정하기 위해서는 먼저 구글 크롬을 실행해 유튜브에 접속해야 합니다. [크리에이터 스튜디오]의 [동영상 관리자]–[재생목록]으로 들어온 후 수정할 재생목록의 [수정]을 클릭해 상세 메뉴로 들어옵니다. 순서를 변경하고 싶은 영상을 클릭한 상태에서 원하는 위치로 드래그하면 재생목록의 순서를 변경할 수 있습니다. 브라우저가 크롬이 아니라면 드래그로 순서 조정이 변경되지 않으니 반드시 크롬으로 접속하세요!

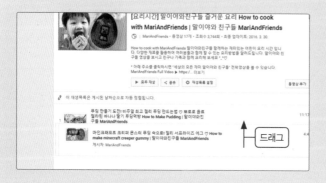

재생목록에 대한 기본 설정 지정

[재생목록 설정]을 선택합니다. 재생목록의 공개 여부 설정이 가능하며 재생목록의 순서를 추가한 순서대로 할지, 날짜 순서대로 할지, 사용자가 직접 설정할지 등을 지정할 수 있습니다. [추가 옵션]의 **[퍼가기 허용]은 재생목록이 많은 사람들에게 공유되면 좋으므로 되도록 체크 표시하여 허용하는 것이 좋습니다.** [이 재생목록의 공식 시리즈로 설정]은 기본적으로 비활성화되어 있는 경우가 많은데, 한 영상이 공식 시리즈로 설정된 여러 개의 재생목록에 들어갈 수 없기 때문입니다.

[자동 추가] 메뉴를 이용하면 제목에 특정 단어가 포함되었을 때 자동으로 재생목록에 해당 동영상이 추가되도록 설정할 수도 있습니다.

[공동작업] 메뉴를 이용해 다른 공동 작업자가 해당 영상에 재생목록을 추가할 수 있는지 여부를 설정힐 수 있습니다. 일반적으로는 추가할 수 없게 설정하는 편입니다. 설정이 완료되었다면 [저장]을 선택합니다.

재생목록 설정

기본   자동 추가   공동작업

공동작업자가 재생목록에 동영상을 추가할 수 있음
여기에 사용자 목록이 표시됩니다.

공동작업자가 동영상을 추가할 수 있도록 링크를 공유하여 초대   링크 생성

취소   저장 ──┤ 클릭

잠깐만요   **공식 시리즈로 설정하는 것이 중요한 이유**

공식 시리즈로 설정할 경우 'YouTube에서는 이 정보를 이용해 동영상 표시 또는 찾기 방식을 수정할 수 있다.'고 명시되어 있습니다. 공식 시리즈로 묶여 있는 영상은 서로 관련성이 높아지기 때문에 추천 영상에도 긍정적인 영향을 끼칠 수 있습니다. 한 영상이 여러 개의 재생목록에는 포함될 수 있지만, 공식 시리즈로 설정된 여러 개의 재생목록에는 포함될 수 없습니다.

따라서 모든 영상이 '공식 시리즈' 안에 포함되기 위해서는 공식 시리즈로 설정할 재생목록을 정하고 영상을 그 중 하나에 포함시키면 좋습니다. 예를 들어 '말이야와 친구들'과 '말이야와 아이들' 채널은 영상 주제별로 공식 시리즈를 만들어 그 중 하나에만 들어갈 수 있게 지정했습니다.

▶추천 동영상에 공식 시리즈로 묶여 있는 영상이 보이는 화면

공식 시리즈로 지정하지 않은 재생목록은 출연진에 따라 재생목록을 만들어 시청자(구독자)들이 보고 싶은 출연진이 출연한 영상을 편하게 볼 수 있도록 제공했습니다.

다른 채널의 동영상을 재생목록으로 추가할 수 있을까?

다른 채널의 동영상도 자신의 채널에 추가할 수 있습니다. 하지만 재생목록이 설정된 다른 사람의 영상이 포함되면 그 재생목록은 '공식 시리즈'로 설정할 수 없습니다.

이 방법을 이용해 홍보해 주고 싶은 채널이 있다면 해당 채널의 영상으로 재생목록을 만든 후 본인의 홈 메인 화면에 해당 재생목록을 노출시킬 수 있습니다. 자세한 내용은 99쪽 '재생목록 항목을 섹션에 추가하기'에서 확인하세요.

▶ '말이야와 친구들' 채널 홈 화면에 '말이야와 아이들' 재생 목록을 배치한 경우

03 채널 방문자와 소통하는 '커뮤니티'

[커뮤니티] 메뉴에서는 내 채널에 방문한 시청자 혹은 구독자와 댓글이나 메시지, 자막 등으로 소통할 수 있는 영역을 관리할 수 있습니다. 내 채널의 방문자 수를 늘리고 싶다면 커뮤니티를 잘 관리하여 꾸준히 시청자들과 소통하는 것이 중요합니다. 동영상을 시청하러 들어왔다가 꾸준히 내 채널을 구독할 수 있도록 유도하는 것도 중요합니다.

1 댓글

[커뮤니티]-[댓글]을 통해 댓글을 관리할 수 있습니다. 특히 전체 영상의 댓글을 한번에 관리할 수 있어서 편리합니다. 특정 영상을 선택한 후 해당 영상에 달린 댓글을 조회할 수 있고 댓글 검색도 가능하며, 바로 답변을 할 수도 있습니다. 댓글 메뉴에서 ⓐ[검토 대기 중]은 금지어로 지정한 단어가 쓰인 댓글의 목록입니다. ⓑ[스팸일 수 있는 댓글]은 댓글을 단 사용자가 유튜브에서 반복적인 댓글을 달았을 경우 스팸으로 인식하여 분류한 목록입니다. 스팸 댓글이 아닌 경우가 많으므로 선택 후 [승인]을 클릭하면 ⓒ[승인된 댓글]로 이동합니다.

② 메시지

유튜브는 비밀 댓글을 제공하지 않습니다. 대신 시청자 혹은 구독자가 유튜브 채널 운영자에게 메시지를 보낼 수 있는데, 이들이 보낸 메시지는 [커뮤니티]-[메시지]에서 확인할 수 있습니다.

유튜브에서 채널 운영자에게 메시지를 보내는 것은 PC에서만 가능합니다. 먼저 메시지를 보내고자 하는 채널에 들어간 후 [정보] 메뉴를 클릭하고 [메시지 보내기]를 선택하면 됩니다.

▶메시지를 보낼 채널의 [정보] 화면

❸ 구독자

[커뮤니티]-[구독자]를 통해 내 채널을 구독하는 채널 혹은 사용자들을 확인할 수 있습니다. 구독자 목록을 [인기 동영상]으로 정렬할 경우 구독자가 많은 순으로 나열되기 때문에 인기가 높은 유튜브 채널 혹은 사용자들이 내 채널을 구독했는지 여부도 확인할 수 있습니다.

❹ Super Chat

실시간 스트리밍에서 시청자가 후원할 수 있는 기능입니다. Super Chat의 수익이 지급되는 방식은 애드센스 광고 수익이 지급되는 방식과 동일합니다. 실제 수익은 애플 수수료, 판매세 또는 기타 청구 항목으로 인해 변동될 수 있으니 참고하세요. 아래의 조건을 만족하면 Super Chat 기능을 사용할 수 있습니다.

• 채널에서 실시간 스트리밍 사용 설정
• 채널에서 수익 창출
• 채널 구독자 수 1,000명 이상
• 18세 이상
• 기능이 제공되는 지역에 거주 (한국도 해당)

5 커뮤니티 설정

[커뮤니티 설정] 메뉴에서 댓글을 관리할 수 있습니다. ⓐ[운영자]는 댓글을 관리할 운영자를 추가할 수 있습니다. ⓑ[승인된 사용자]는 모든 댓글을 승인한 후 노출되도록 설정했을 때 특정 사용자의 댓글은 승인 없이 보여줄 수 있는 기능입니다. ⓒ[숨겨진 사용자]는 해당 사용자의 댓글은 채널의 운영자뿐만 아니라 시청자도 볼 수 없게 만드는 기능입니다. 보고 싶지 않은 댓글을 지속적으로 쓰는 사용자를 숨길 수 있는 기능입니다.

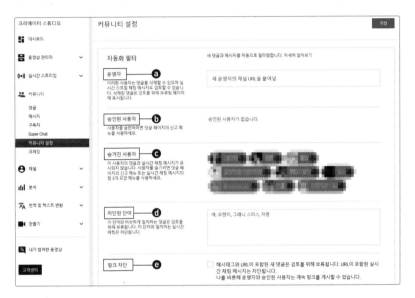

ⓓ[차단된 단어]에서는 특정 단어가 댓글에 들어간 경우 해당 댓글이 [커뮤니티]-[댓글]의 [검토 대기 중]으로 이동됩니다. 해당 메뉴에서 승인 여부를 결정한 후 게시 혹은 삭제할 수 있습니다. 비속어나 원치 않는 특정 단어를 등록해 두면 좋습니다.

ⓔ[링크 차단]은 해시태그와 URL을 포함해 광고하려는 댓글이 많아 사전에 차단할 수 있습니다. URL, 해시태그로 광고하는 댓글이 많이 보인다면 체크해 두는 것이 좋습니다.

❺[채널의 댓글]은 유튜브 채널의 [토론] 탭에 관련된 메뉴입니다.

❻[채널의 크리에이터 크레딧]은 허용 범위도 결정할 수 있습니다. 크레딧과 관련된 내용은 176쪽을 참고하세요.

❼[실시간 채팅의 메시지]에 체크 표시하면 실시간 스트리밍 중에 올라오는 부적절한 댓글을 사전에 차단할 수 있습니다.

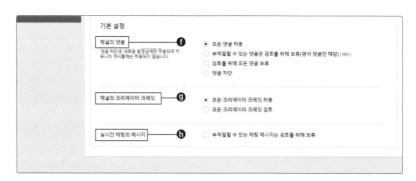

잠깐만요 [토론] 탭 활성화 여부 및 댓글 허용 범위 선택

PC에서 유튜브 내 채널을 방문하면 [토론] 탭이 활성화되는 경우가 있습니다. [커뮤니티]−[커뮤니티 설정]에서 채널의 댓글을 [모든 댓글 허용] 또는 [검토를 위해 모든 댓글 보류]로 설정했다면 [토론] 탭이 자동으로 활성화됩니다. 반대로 [토론] 탭이 보이지 않는다면 [댓글 차단]으로 설정한 것이니 필요에 따라 허용 여부를 변경하면 됩니다.

▶유튜브 채널의 [토론] 탭을 선택한 화면

원치 않는 사용자의 댓글을 숨기는 방법은 두 가지가 있습니다. 첫 번째 방법으로, [크리에이터 스튜디오]의 [커뮤니티]-[댓글]에서 숨기고 싶은 댓글의 오른쪽 [깃발] 아이콘(🚩)을 클릭하고 ⓐ [채널에서 이 사용자의 댓글 숨기기]를 선택합니다. 두 번째 방법으로, ⓑ [스팸 또는 악용사례 신고]를 하면 해당 댓글을 적은 계정이 신고되고 해당 댓글은 즉시 삭제됩니다. 이유 없이 시비를 걸거나 기분 나쁜 말을 하는 경우에는 직접 상대하는 것보다 해당 사용자의 댓글을 숨기는 것이 오히려 정신 건강에 좋을 수 있으니 참고하세요. [채널에서 이 사용자의 댓글 숨기기]를 선택하면 나뿐만 아니라 다른 사용자도 해당 댓글을 볼 수 없고, 오직 댓글을 남긴 사람만 볼 수 있습니다.

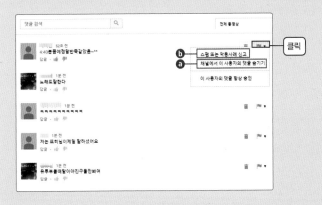

영상에서 보이고 싶지 않은 댓글이 있다면 [더보기] 아이콘(⋮)을 클릭한 후 [채널에서 사용자 숨기기]를 선택하면 됩니다. 참고로 모바일의 영상에서는 신고 기능만 가능합니다.

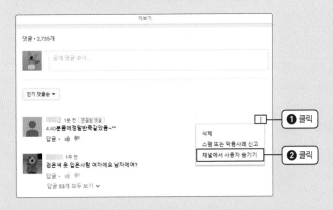

모바일에서 채널을 관리하고 싶다면 별도로 'YouTube 제작자 스튜디오' 앱을 다운로드하여 활용하세요. 앱을 설치하는 방법은 220쪽을 참고하세요.

인기 동영상 제작

6 크레딧

'크레딧'은 유튜브 채널의 공동 제작자의 역할을 표시할 수 있는 기능으로, 구독자 수가 5,000명 이상일 때 활성화됩니다. 누군가 크레딧을 추가했을 때 허용 여부는 [커뮤니티]-[크레딧]에서 가능합니다.

무작정 따라하기 23 **동영상 크레딧 추가하기**

01 다른 유튜브 크리에이터와 협업(콜라보레이션)을 했다면 크레딧을 통해 추가할 수 있습니다. 먼저 [크리에이터 스튜디오]의 [동영상 관리자]-[동영상]에서 크레딧을 추가할 동영상을 선택한 후 [수정]을 선택합니다.

02 구독자가 5,000명 이상이 되면 동영상 수정 화면에 [동영상 크레딧] 화면이 추가됩니다. [기본 설정]에서 [동영상 크레딧]의 [역할 추가]를 클릭하여 역할을 선택하고 협업한 사람의 채널 주소나 ID를 입력해 검색한 후 일치하는 채널을 선택합니다.

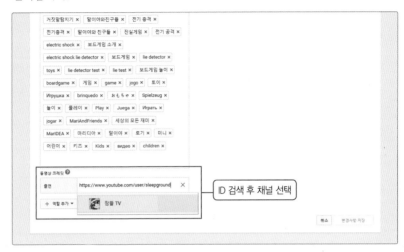

03 크레딧에 공동 제작자를 추가한 경우 해당 동영상의 [내용] 설명 입력란에 크레딧에 대한 내용을 추가된 것을 확인할 수 있습니다. 링크를 클릭하면 해당 채널로 바로 이동할 수 있습니다.

177

이미 올라간 영상의 섬네일을 별도로 저장해서 보관할 수도 있긴 하지만 영상이 쌓일수록 영상별로 관리하는 일이 힘들어집니다. 필자의 경우에도 유튜브 뿐만 아니라 다른 플랫폼 (엠군, 카카오, 네이버 등)에 영상을 업로드하는데, 그때마다 섬네일을 별도로 찾기가 번거로웠습니다. 아쉽게도 유튜브 시스템 상에서 업로드한 섬네일을 다운로드 받는 방법은 없습니다. 아래의 방법을 활용해서 다운로드하세요.

❶ 섬네일을 다운로드 받고 싶은 영상의 '콘텐츠 ID'를 확인합니다. 콘텐츠 ID는 해당 영상 주소창의 'youtube.com/watch?v=' 이후의 문자입니다.
왼쪽 예시 이미지에서는 '6gb8hHxKHDs'가 되겠죠?

❷ 주소창에 'https://img.youtube.com/vi/[콘텐츠ID]/maxresdefault.jpg'을 입력한 후, [콘텐츠 ID] 칸에 해당 영상의 콘텐츠 ID를 입력합니다. 문자가 복잡해 직접 입력 시 정확하게 적기가 어렵기 때문에 복사 후 붙여 넣기하는 방법을 추천합니다.
입력 시 이미지가 추출됩니다. 오른쪽 마우스를 클릭해 [이미지를 다른 이름으로 저장]을 선택하여 저장합니다. 크롬 이외의 브라우저에서는 뜨지 않는 경우도 있으니 크롬에서 접속하세요.

참고로 'https://img.youtube.com/vi/[콘텐츠ID]/maxresdefault.jpg'에서 'maxresdefault'은 추출하는 이미지 크기를 의미합니다. 'http://img.youtube.com/vi/[콘텐츠ID]/[이미지형식].jpg'로 이해하면 됩니다. 보통 큰 이미지를 활용하지만, 만약 작은 이미지가 필요한 경우 'maxresdefault' 문자 대신에 아래의 문자로 바꿔서 입력해도 됩니다.

입력	사이즈 (단위: px)	예시
default	120x90	https://img.youtube.com/vi/[콘텐츠ID]/default.jpg
mqdefault	320x180	https://img.youtube.com/vi/[콘텐츠ID]/mqdefault.jpg
hqdefault	480x360	https://img.youtube.com/vi/[콘텐츠ID]/hqdefault.jpg
sddefault	640x480	https://img.youtube.com/vi/[콘텐츠ID]/sddefault.jpg
maxresdefault	1920x1080	https://img.youtube.com/vi/[콘텐츠ID]/maxresdefault.jpg

유튜브 [크리에이터 스튜디오]의 [동영상 관리자]-[동영상]에서 제공받을 동영상의 [정보 및 설정]으로 들어갑니다. [고급 설정] 메뉴에서 [시청자의 자막 제공을 허용합니다]에 체크 표시를 하면 시청자 누구나 해당 동영상에 자막을 제공할 수 있습니다.

기본 설정으로 자막 제공을 허용하고 싶다면 [크리에이터 스튜디오]의 [채널]-[업로드 기본설정]에서 [자막 제공] 항목의 [시청자의 자막 제공을 허용합니다.]에 체크 표시합니다. 그러면 이후 업로드하는 영상에 대해서는 기본으로 시청자가 자막 제공을 할 수 있도록 설정됩니다.

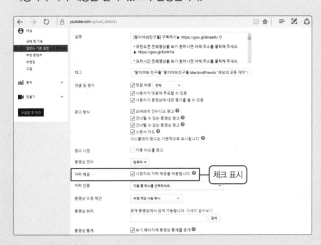

인기 동영상 제작

04 채널 내 동영상 상태를 관리하는 '채널'

[채널] 메뉴는 채널의 상태를 파악하고 기본적인 설정 사항을 미리 지정할 수 있습니다. 미리 설정한 정보 등을 이용해 영상 업로드 시에 시간을 아낄 수도 있고, 수익 관련하여 설정도 가능하며, 추천 콘텐츠 메뉴를 통해 전략적으로 특정 영상을 더 추천하게 지정도 할 수 있는 메뉴입니다.

1 상태 및 기능

현재 채널의 상태를 한 번에 확인할 수 있는 메뉴입니다. **유튜브에서는 '전화 인증'을 해야 가능한 기능이 많이 있으니 먼저 전화 인증을 하여 모든 기능을 활성화시키면 좋습니다.** 단 같은 전화번호로 최대 2개의 채널 인증만 가능하므로 테스트삼아 여러 채널에 전화 인증을 하면 정말 써야 할 때 쓰지 못하는 경우가 생길 수 있습니다. 따라서 장기적으로 운영할 채널에만 전화 인증을 하는 것이 좋습니다.

[크리에이터 스튜디오]의 [채널]-[상태 및 기능]-[크리에이터 스튜디오]의 [채널]-[상태 및 기능]을 선택한 후 [확인]을 클릭합니다. [확인]을 클릭하면 전화 인증을 해야할 수도 있어요. 이미 전화 인증이 되었다면 [확인] 대신 '파트너 인증됨'이 표시됩니다.

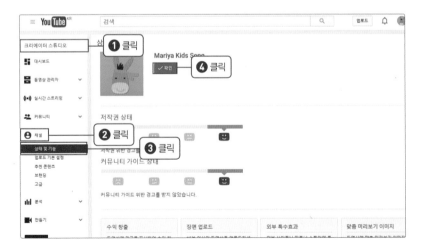

2 수익 창출

[채널]-[수익 창출]은 수익 창출을 관리할 수 있는 메뉴입니다. 수익 창출 방법은 110쪽에서 확인하기 바랍니다. MCN(Multi-Channel Network, 다중 채널 네트워크)가입 시 수익 관리가 MCN 회사로 이관되어 해당 메뉴가 보이지 않습니다.

잠깐만요 **MCN이 무엇이고, 가입이 필요한가요?**

MCN은 Multi-Channel Network의 약자로, '다중 채널 네트워크'라고 합니다. 유튜브에서 인기가 높아지고 수익을 내는 채널이 많이 생기자, 이들을 묶어 관리해 주는 곳이 필요하게 되었는데, 그 곳이 바로 'MCN'입니다. 쉽게 이야기하면 연예인 소속사처럼 유튜브 콘텐츠 크리에이터의 소속사라고 생각하면 이해하기 쉽습니다. 차이점이라면 연예인을 키우는 것처럼 MCN 회사가 채널을 양육하진 않습니다. 국내에서는 CJ의 'DIA TV', '트레져헌터', '샌드박스 네트워크', '아프리카'가 대표적입니다. 해외에도 수많은 MCN 채널이 많이 있는데 채널이 어느 정도 규모가 생기면 국내외 MCN 회사에서 러브콜을 보냅니다. 하지만 가입할 때는 신중하게 결정해야 합니다.

유명한 유튜브 크리에이터의 경우 대부분은 MCN에 소속되어 있습니다. 그 이유는 세금 처리, 저작권 침해 대응, 기업 제휴 연결, 소속 크리에이터와 인맥 등의 이점이 있기 때문입니다. 하지만 MCN 가입 시 유튜브 광고 수익의 일정 비율을 수수료로 나누는 경우가 많고 혜택의 대부분이 유명 크리에이터에 집중되어 있으므로 득과 실을 잘 따진 후에 가입하는 것이 좋습니다.

인기 동영상 제작

3 업로드 기본 설정

[업로드 기본 설정]은 영상을 업로드할 때 공통으로 적용할 조건을 미리 설정해 두면 반복적인 설정 작업시간을 줄일 수 있고 동영상 설정에 통일성을 줄 수 있습니다. 메타데이터 관점에서 업로드 기본 설정을 하는 방법은 130쪽을 확인하세요.

[광고 시점]의 '자동 미드롤 광고'에 체크 표시하면 10분 이상의 영상인 경우 유튜브에서 자동으로 적절한 위치에 광고를 삽입합니다. 만약 원하는 시간에 광고를 배치하고 싶다면 체크를 하지 않고 업로드를 할 때마다 영상별로 광고 위치를 지정하면 됩니다. 매번 신경 쓰는 것이 번거롭다면 체크해 두세요. '동영상 통계 공개 지정'은 최근 업데이트된 기능에서는 사라졌으므로 무시해도 됩니다.

만약 내 채널 광고가 붙으면 [크리에이터 스튜디오]의 [분석]–[트래픽 소스]에 'YouTube 광고' 항목이 생깁니다.
예를 들어 아래의 통계를 살펴보면 채널 광고로 총 조회수 7회가 발생했다는 것을 알 수 있습니다. 필자의 경험상
시청시간(조회수)이 낮은 채널일 때 'YouTube 광고'가 노출된 적이 없었으나 채널의 시청시간이 올라가면서 조금
씩 'YouTube 광고'로 인해 조회수가 증가하였습니다. 'YouTube 광고'로 인한 조회수는 채널 광고로 발생하기도
하지만, 보통은 비용을 지불하고 유튜브 광고를 집행한 경우(애드워즈)에도 발생합니다. 자세한 내용은 252쪽을 참
고하세요.

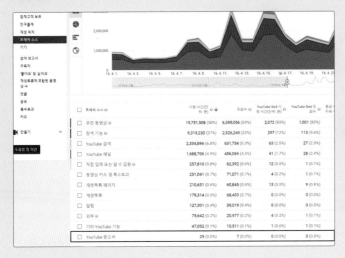

인기 동영상 제작

4 브랜딩

[브랜딩]은 동영상의 오른쪽 하단에 채널의 로고를 넣을 수 있는 기능으로, **동영상 재생 중 언제 표시할지 표시 시간을 지정할 수 있습니다.** 로고를 나타내는 데 별다른 목적이 없다면 [표시 시간]을 [전체 동영상]으로 선택하여 동영상 재생 시 계속 보이도록 하는 것이 좋습니다.

잠깐만요 '브랜딩'으로 채널 로고를 추가하면 좋은 이유

PC에서 영상을 볼 때 로고에 마우스 커서를 가까이 가져가면 구독하지 않은 사람들이 구독할 수 있도록 [구독] 아이콘(▶ 구독)이 뜨고, 이미 구독을 신청했다면 채널 이름만 보입니다. 채널 로고를 클릭하게 되면 해당 채널의 홈 화면으로도 이동할 수 있습니다.

5 고급

[채널]-[고급]에서 채널의 [국가] 설정과 [채널 키워드]를 입력할 수 있습니다. 여기서 ⓐ[국가] 설정은 크게 의미는 없지만, 'Socialblade' 등과 같은 외부 통계 사이트에서 국가별 통계를 내는 기준으로 분류되어 있다는 것을 참고로 알아두세요. ⓑ[채널 키워드]는 채널을 대표할 수 있는 메타데이터를 입력합니다. 유튜브에 수익을 낼 예정이라면 ⓒ[광고]는 기본 설정이 되어 있는 그대로 두는 것이 좋습니다. ⓓ[애드워즈 계정 연결]과 관련된 내용은 113쪽을 참고하세요.

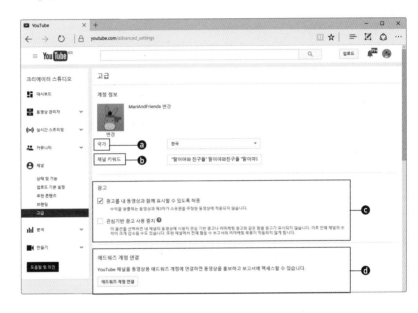

인기 동영상 제작

장난감 소개

◎ **토이위자드** https://www.youtube.com/channel/UCI55Yj9y3-5_vV7eW6qZHJA

사람이 등장하지 않는 장난감 채널의 경우 99% 이상 해외에서 시청하는 경우가 많습니다. 특히 우리나라 사람들이 운영하는 장난감 채널은 한국인 특유의 성실함과 창의력 덕분에 해외에서도 유명하며, 수백만 구독자를 보유한 '토이푸딩', '토이마트', '두두팝토이', 'NaoFun Toys' 채널과 같이 성공 사례도 많습니다. 여기에서 소개하는 '토이위자드'의 경우 수개월 동안 아무런 성과 없이 영상을 꾸준히 올리다가 변화하는 유튜브 트렌드에 맞춰 영상 제작을 바꾸고, 섬네일에 신경을 쓰면서 최근 들어 높은 성장세를 보이고 있습니다. 장난감 채널은 경쟁이 심하고 장난감 구입 등 초기 투자비가 많이 들어 진입장벽이 높지만, 한번 정착하고 나면

글로벌 시장까지 겨냥할 수 있어 월간 조회수를 몇 천만 뷰부터 몇억 뷰까지 올릴 수 있습니다.

어린이

◎ **vlad and nikita** https://www.youtube.com/channel/UCvIE5gTbOvjiolFlEm-c_Ow

엄마와 두 형제가 나오는 어린이 채널로 콘텐츠 기획력이 뛰어난 채널입니다. 놀라울 정도로 빠른 성장속도를 기록 중이며, 2017년 하반기 월간 조회수가 글로벌 1위까지 올라갔던 채널입니다. 하지만 유튜브 커뮤니티 가이드가 강화되면서 안타깝게도 채널이 삭제되었습니다. 2018년 4월 다시 채널을 만들어 복귀했고 3개월 만에 월간 조회수 4억 뷰를 달성하였습니다. 키즈 콘텐츠를 제작할 예정이라면 꼭 참고해 보세요.

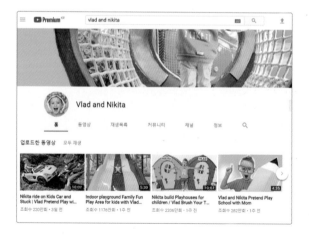

PART 06
유튜브
분석 및 전략

더 나은 동영상 제작을 위한 유튜브 분석

유튜브는 사용자가 더 나은 영상을 제작할 수 있도록 채널과 동영상에 대해 자세히 분석할 수 있는 툴을 제공하고 있습니다. 내 채널의 전체 동영상부터 개별 동영상까지 세부적인 분석을 통해 향후 내 채널에 업로드할 동영상에 대한 발전 방안과 방향을 설정할 수 있으므로 가급적 분석을 하는 데 많은 시간을 투자하는 것이 좋습니다.

1 개요

[크리에이터 스튜디오]의 [분석]-[개요]를 차례로 클릭합니다. 유튜브가 분석한 각 항목의 내용을 통해 동영상이 시청자들에게 어떻게 소비되고 있는 것이지 전체적인 흐름을 파악할 수 있습니다.

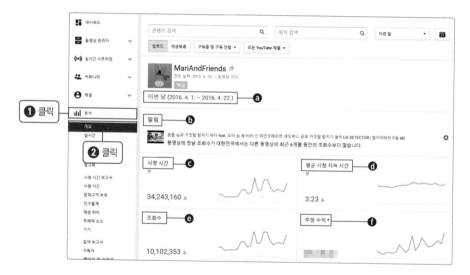

ⓐ **기간 :** 표시된 데이터의 기간을 표시합니다.

ⓑ **알림 :** 영상 중 눈에 띄게 시청 시간, 조회수, 좋아요, 싫어요 등이 급증하였을 때 알람이 뜹니다. 만약 알람이 뜬다면 특정 영상의 조회수가 평소보다 잘 나온다는 의미입니다.

ⓒ 시청 시간 : 기간 내의 시청 시간의 합계와 그래프를 표시합니다.

ⓓ 평균 시청 지속 시간 : 기간 내의 영상의 평균 시청 시간과 그래프를 표시합니다.

ⓔ 조회수 : 기간 내의 동영상 조회 합계와 그래프를 표시합니다.

ⓕ 추정 수익 : 기간 내의 수익과 그래프를 표시합니다. 해당 수익에 큰 차이가 있지는 않지만 약간의 변동이 있을 수 있습니다. 정확한 수익은 익월 15일 이내에 애드센스에서 확인할 수 있습니다.

[개요]의 기본 설정 변경

유튜브는 기본적으로 '최근 28일'에 대한 분석 데이터를 제공합니다. 하지만 분석 기간을 28일이 아닌 '이번 달' 혹은 '최근 90일'을 기본으로 설정하여 데이터를 보고싶거나 통화(화폐 단위)도 '달러'가 아닌 '원화'로 설정해 수익을 확인하고 싶다면 [기본 설정] 메뉴를 통해 변경할 수 있습니다.

[개요] 화면에서 [설정] 아이콘(⚙) 클릭한 후 [기본 설정] 화면이 뜨면 아래 항목들의 설정 값을 원하는 대로 변경할 수 있습니다. 설정을 마친 후 [저장]을 클릭합니다.

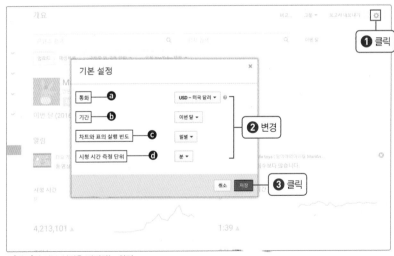

▶[개요]의 기본 설정을 변경하는 화면

ⓐ 통화 : 'USD'외에 각 나라의 통화로 변경할 수 있습니다. 통화를 변경하면 그 당시의 기준 환율을 기준으로 변경한 통화로 표시되는데, 실제 수익 지급 시 '달러'로 지급되며 실제 달러를 수령한 시점의 기준 환율이 적용되므로 실제 금액과 차이가 클 수 있습니다. 정확한 금액으로 보고 싶다면 '달러'로 선택하는 것이 좋습니다.

ⓑ 기간 : 기본 설정은 '최근 28일'로 되어 있습니다. 월 단위의 조회수와 수익을 보는 경우가 많아 '이번 달'로 설정을 변경하면 월별 데이터를 파악할 때 용이합니다.

ⓒ 차트와 표의 실행 빈도 : '일별', '일별(총 7일 단위)', '매일(7일 평균)', '일별(총 28일 단위)', '매일(28일 평균)', '일별(총 30일 단위)', '주별', '매월', '분기별', '연도별'로 차트와 표를 볼 수 있습니다.

ⓓ 시청 시간 측정 단위 : '분', '시'로 설정할 수 있습니다.

2 실시간

[분석]-[실시간]에서 업로드한 동영상이 시청자들에게 실시간으로 얼마나 시청되고있는지 확인할 수 있으며, 최대 25개 동영상까지 한번에 확인할 수 있습니다. '가장 최근에 업로드된 순' 혹은 '지난 48시간', '마지막 60분'처럼 특정 기간 동안 가장 많이 시청된 순의 동영상을 실시간으로 조회할 수 있습니다. 해당 항목의 제목 영역을 클릭하면 상위 순으로 필터링됩니다.

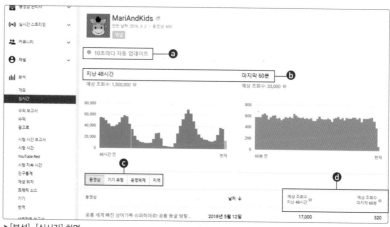

▶[분석]-[실시간] 화면

ⓐ 10초마다 자동 업데이트 : 실시간 업데이트는 10초마다 조회된 조회수가 표시됩니다. 별도로 [새로 고침] 버튼을 누르지 않아도 자동으로 업데이트됩니다.

ⓑ 지난 48시간/마지막 60분 : 지난 48시간 동안의 채널 전체의 조회수 합계를 '시간당', '분당'으로 확인이 가능합니다. 조회수의 자릿수가 한두 자리일 경우 정확한 조회수가 집계되지만 세 자리 이상 넘어갈 경우 한 단위씩 내립니다. 예를 들어 조회수가 '148'이라면 '140'으로 표시됩니다. 자릿수가 올라갈수록 내리는 단위도 커집니다. 예를 들어 '1,728'은 '1,700'으로 '13,714'은 '13,000'으로 표시됩니다.

ⓒ 유형별 확인

•동영상 : 영상별로 실시간 조회수를 확인할 수 있습니다.

•기기유형 : 휴대전화, 태블릿, TV, 컴퓨터, 게임콘솔 등 어떤 기기에서 시청하고 있는지 실시간으로 확인할 수 있습니다.

•운영체제 : 안드로이드, iOS, Windows 등 어떤 운영체제에서 시청하고 있는지 실시간으로 확인할 수 있습니다.

•지역 : 어느 나라에서 많이 시청되고 있는지 실시간으로 확인할 수 있습니다. 채널이 국제적으로 노출된 경우 유용한 기능입니다. 어느 나라에서 많이 시청 중인지 실시간으로 보고 단가도 추정할 수 있습니다. 예를 들어, 미국에서 시청 중이라면 단가가 좋을 것이고 인도네시아, 베트남과 같이 동남아시아 지역에서 시청 중이라면 단가가 낮으므로 수익 추정에 유용한 메뉴입니다.

ⓓ 예상 조회수 : 개별 영상 단위의 실시간 조회수를 확인할 수 있습니다.

01 [크리에이터 스튜디오]의 [분석]-[실시간]을 차례로 클릭합니다. [실시간] 화면
의 검색창에 조회하고 싶은 동영상의 제목을 입력 후 검색합니다.

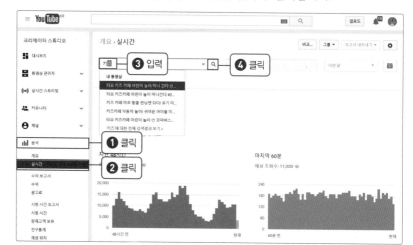

TIP+

조회수가 많은 순으로 검
색 결과 목록이 나타나므
로 비슷한 제목을 사용한
동영상이라면 상세한 제
목을 입력해야 원하는 동
영상을 쉽게 찾을 수 있
습니다.

02 검색한 동영상이 목록에 나타나며 해당 동영상의 실시간 분석 데이터를 확인할
수 있습니다.

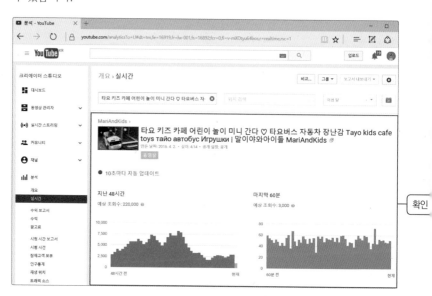

확인

일반적으로 시청 지역이 '한국'인 시청자가 많은 동영상의 경우 평일 낮 시간대에는 업무나 학업으로 인해 영상의 조회수가 낮고, 저녁 7시 전후로 조회수가 급증하는 경향이 있습니다. 그리고 다시 밤 10시 전후면 취침 시간 때문에 조회수가 떨어집니다. 주말의 경우 낮 시간대와 저녁 시간대에 비슷한 조회수가 나오고 밤 12시 이후 로는 동영상이 거의 조회되지 않습니다.

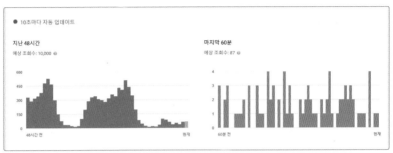

▶ 월요일 오후에 일반적인 영상의 실시간 현황

유튜브는 영상이 해외에도 노출되는데 해외 비율이 높은 영상이라면 조회수는 시간대에 따라 큰 변동 없이 거의 일정하게 유지됩니다. 그러므로 쉽지 않겠지만 국내뿐만 아니라 해외에서도 통할 수 있는 콘텐츠를 제작하여 동영상의 해외 노출 비율을 높이는 노력을 기울여야 합니다.

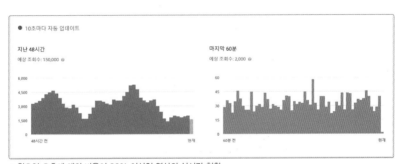

▶ 월요일 오후에 해외 비율이 80% 이상인 영상의 실시간 현황

3 수익

[분석]-[수익]에서 동영상의 수익 금액과 그래프로 확인할 수 있습니다. 동영상에 대한 수익은 월 단위로 정산이 됩니다. 동영상의 수익을 받는 법은 120쪽을 확인하세요.

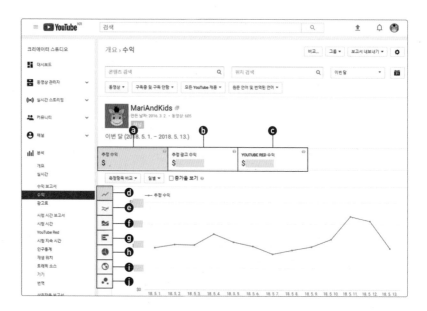

ⓐ 추정 수익 : [추정 광고 수익]과 [YOUTUBE RED 수익]의 합계입니다.

ⓑ 추정 광고 수익 : 유튜브 광고를 통해서 발생한 광고의 수익 중 유튜브 제작자에게 배분되는 순 수익입니다.

ⓒ YOUTUBE RED 수익 : 월 정기금액을 지급하고 광고 없이 유튜브 영상을 시청할 수 있는 YouTube Red를 통해 시청한 영상에서 나온 수익입니다. 해당 수익은 월 정기금액에서 수익이 배분됩니다. 2016년 12월 국내에도 아시아 최초로 YouTube Red가 도입되어 일부 국가(뉴질랜드, 미국, 오스트레일리아)에 포함되었습니다. YouTube Red를 통한 수익은 모두 특정 국가에서 나온 수익이라고 생각해도 무방합니다.

TIP+

'일별'이 아닌 '주별', '월별', '분기별', '연도별' 등으로도 표시할 수 있습니다.

ⓓ 선 차트(⁓) : 영상 전체 수익의 '일별' 합계 차트가 표시됩니다.

ⓔ 다선형 차트(⁓) : 수익 상위 동영상 5개의 꺾은선형 그래프가 표시됩니다. 필터를 '지역'으로 변경 시 수익 상위 지역 5개의 그래프가 표시됩니다. '날짜' 선택

시에는 날짜별 수익이 표시되고 그래프는 전체 합계 그래프가 표시됩니다.

❼ 누적 영역형 차트(📈) : 수익 상위 동영상 5개의 '누적형 영역형 그래프'가 표시됩니다.

❾ 막대형 차트(📊) : 수익 상위 동영상 5개의 '막대형 그래프'가 표시됩니다.

❿ 원형 차트(🔘) : 수익 상위 동영상 5개의 '원형 그래프'가 표시됩니다.

⓫ 지도(🌐) : 세계 지도가 표시되며 국가별로 '조회수 1,000회당' 수익이 높은 그래프가 진하게 표시됩니다. '절대값'으로도 필터를 변경할 경우 절대적으로 수익이 높은 국가의 그래프가 진하게 표시됩니다.

⓬ 풍선형 차트(💠) : 수익 상위 동영상 5개의 '풍선형 그래프'가 표시됩니다. 원의 크기가 크면 클수록 조회수 대비 수익이 좋다는 의미로, 단가를 한눈에 확인할 때 유용합니다.

동영상 뷰에 따른 광고 수익은 국가별로 차이가 큽니다. 국가별 수익을 비교하고 싶다면 [지도] 아이콘(🌐)을 클릭합니다. **지도의 색이 진할수록 조회수 1,000회당 광고 단가가 높다는 것을 의미합니다.**

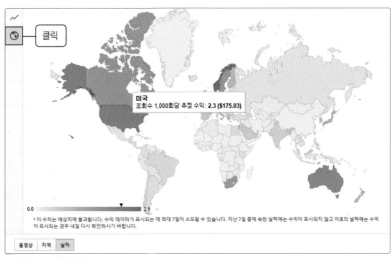

▶국가별 수익 확인 화면

유튜브 광고 유형

[크리에이터 스튜디오]의 [채널]-[업로드 기본 설정]에서 기본으로 지정할 광고를 설정할 수 있습니다.

광고 형식	게재 위치	기기	사양	과금
디스플레이 광고	추천 동영상 오른쪽과 동영상 추천 목록 상단에 게재됨. 플레이어 화면의 크기가 더 큰 경우 광고가 플레이어 하단에 게재됨.	데스크톱	300×250 및 300×60픽셀	광고 클릭 시
오버레이 광고	동영상 하단 20% 부분에 게재되는 반투명 오버레이 광고를 말함.	데스크톱	480×70픽셀(플래시)또는 텍스트	광고 클릭 시
건너뛸 수 있는 동영상 광고	건너뛸 수 있는 동영상 광고는 시청자가 원하는 경우 5초 후에 건너뛸 수 있음. 기본 동영상 전후 또는 중간에 삽입됨.	데스크톱, 휴대기기, TV, 게임 콘솔	동영상 플레이어에서 재생	30초 이상 시청한 경우
건너뛸 수 없는 동영상	건너뛸 수 없는 동영상 광고를 시청해야 동영상을 볼 수 있음. 건너뛸 수 없는 긴 동영상 광고는 길이가 최대 30초이며 이러한 광고는 기본 동영상 전후 또는 중간에 삽입됨.	데스크톱 및 휴대기기	• 동영상 플레이어에서 재생 • 15초 또는 20초(지역별 표준 기반) • 건너뛸 수 없는 긴 동영상 광고는 길이는 최대 30초	광고 노출 시
스폰서 카드	스폰서 카드에는 동영상에 포함된 제품 등 동영상과 관련이 있는 콘텐츠가 표시됩니다. 카드의 티저가 몇 초간 표시됩니다. 동영상 오른쪽 상단의 아이콘을 클릭하여 카드를 탐색할 수 있음.	데스크톱 및 휴대기기	카드 크기는 경우에 따라 다름	한국은 지원 국가가 아님
범퍼 광고	최대 6초 길이의 건너뛸 수 없는 동영상 광고로, 이 광고를 시청해야 동영상을 볼 수 있음.	데스크톱 및 휴대기기	동영상 플레이어에서 재생, 최대 길이 6초	광고 노출 시

유튜브에서 인기 있는 채널의 경우 동영상 한 개당 평균적으로 10만~30만 뷰가 나오고 많이 나오는 경우 100만 뷰 이상이 나오기도 합니다. 이러한 영향력을 기반으로 많은 기업에서 유튜버들에게 유료 PPL 또는 보증광고를 지원하는 경우가 많습니다.

유료 PPL과 보증광고는 비슷하게 쓰이긴 하지만 광고주 개입 정도에 차이가 있는데, 두 개념에 대한 정의 정도만 이해하면 됩니다. 유튜브에 유료 PPL 또는 보증광고를 올릴 때 현재 국내 법률상으로는 명확한 규제 가이드라인은 없지만 유튜브 커뮤니티 가이드를 준수하여야 합니다.

• '유료 PPL'이란
콘텐츠 내에서 제품 또는 브랜드를 구체적으로 언급하는 조건으로 광고주 또는 마케팅 담당자가 유튜브 크리에이터에게 비용을 지불하거나 비금전적인 혜택이나 인센티브를 제공하는 것입니다.

• '보증광고'란
광고주 또는 마케팅 담당자를 위해 제작된 콘텐츠로서 콘텐츠 제작자의 의견, 신념, 경험이 반영된 것을 의미합니다. 마케팅 담당자가 파트너의 콘텐츠 편집에 직접 관여하거나, 브랜드 또는 로고를 포함하여 콘텐츠를 제작하고 유튜브 크리에이터의 채널에 콘텐츠를 업로드하는 대가로 비용을 지불하는 것입니다.

이렇게 유료 PPL이나 보증광고와 같이 상업적 이해관계가 포함된 경우 유튜브에 알려야 합니다. 해당 부분은 동영상의 [고급 설정] 탭에서 설정할 수 있습니다. 해당 동영상의 [고급 설정] 화면으로 들어간 후 [콘텐츠 선언]에서 [동영상에 유료 PPL 또는 보증광고가 포함됨]에 체크 표시하면 됩니다. 해당 내용을 체크하였다고 하여 유료 PPL 또는 보증광고가 들어갔다는 것이 동영상에 표기되지는 않습니다. 국내에서는 블로그의 경우 해당 내용이 있을 경우 반드시 지원받은 사실 여부를 표기해야 하는 법규가 있지만, 아직까지 유튜브에 대한 규제는 없습니다. 하지만 유튜브 팬들의 경우 지원받은 사실을 표기하지 않은 경우 반발심이 큰 경우도 많으므로 영상 또는 설명 부분에 지원 여부를 표시하는 것도 좋은 방법입니다.

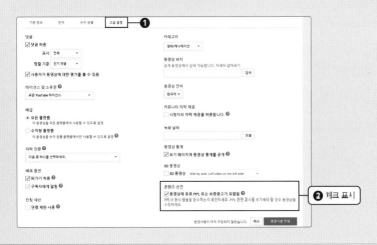

4 광고료

[분석]-[광고료]에서 나타나는 ❶[YouTube 광고 수익]은 유튜브 크리에이터가 실제로 받게 될 금액이 아닌 총 매출 금액입니다. **YouTube 광고 수익은 월말에 조정되며 유튜브와 크리에이터의 수입 비율은 45:55입니다.** 물론 유튜브에서는 모든 영상에 광고가 붙지는 않으니 항상 광고 수익이 발생하진 않습니다. ❷[예상 수익 창출 재생]이란, 시청자가 동영상을 시청할 때 하나 이상의 광고에 노출된 조회수를 의미합니다. ❸[노출당비율(CPM)]은 국가별로 광고 단가가 얼마나 되는지 비교하는 데 좋은 자료가 될 수 있습니다. 단 조회수가 낮을 경우 충분한 데이터가 확보되지 않아 실제 단가와 편차가 클 수 있습니다.

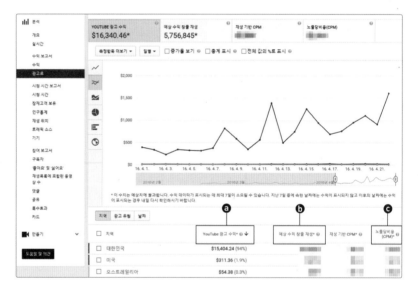

광고 단가에 영향을 주는 세 가지 요소

광고 단가는 여러 가지 요소에 의해 결정되지만 국가, 계절, 광고 유형 세 가지 유형이 큰 영향을 끼칩니다.

① **국가** : 예를 들어 유튜브 시장이 활성화 되어 있는 미국은 CPM이 높지만, 동남아시아 등과 같이 아직까지 광고 시장이 활성화되지 않은 나라는 CPM이 낮은 경우가 많습니다.

② **계절** : 광고주가 크리스마스 시즌 등과 같이 특정 시기에 맞추어 광고비 집행을 많이 할 때가 있는데, 이 경우 단가가 올라갑니다. 반대로 연초에는 광고 예산이 확정되지 않아 광고를 많이 하지 않아서 단가가 떨어지기도 합니다. 시기에 따라 광고 단가가 많이 달라지므로 수익보다는 조회수, 시청 시간을 목표로 집행하는 것이 좋습니다.

③ **광고 유형** : '건너뛸 수 없는 동영상 광고'의 경우 노출되었을 때 광고비가 과금되므로 다른 광고 형식보다 높은 수익을 창출하지만, 이탈율 또한 더 높다는 점을 고려하여 포함 여부를 결정하는 것이 좋습니다. '건너뛸 수 없는 광고'는 누구나 사용할 수 있는 것이 아닙니다. 유튜브에서 인증한 MCN에 가입 시 해당 광고 선택 여부를 결정하는 메뉴가 나타납니다.

⑤ 시청 시간

유튜브에서 가장 중요하게 여기는 측정 항목 중 하나가 '시청 시간'입니다. 시청 시간이 길수록 영상 지수가 좋아지므로 시청 시간을 늘리는 것을 채널의 목표로 잡는 것이 좋습니다. 시청 시간을 늘리기 위해서는 단일 영상 당 평균 시청 시간을 올리는 것도 중요하고, 영상 자체에 대한 조회수가 높아야 합니다.

> **시청 시간 = 평균 시청 시간 × 조회수**

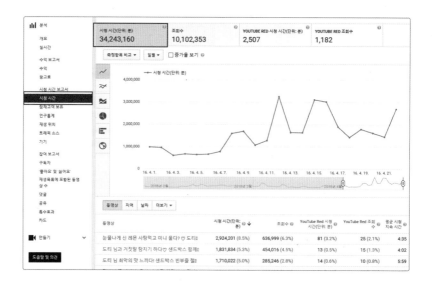

6 시청 지속 시간

[분석]-[시청 지속 시간]은 앞으로 영상을 어떻게 제작해야 하는지 방향을 설정하는데 꼭 필요한 중요한 정보입니다. 전체 영상으로 보았을 때는 채널 전체 영상의 평균 시청 지속 시간을 확인할 수 있습니다.

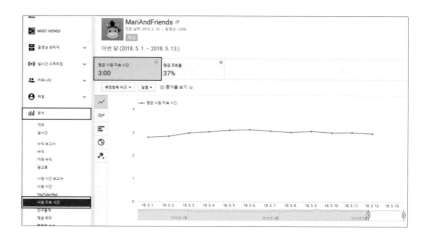

시청 지속 시간 분석을 통한 영상 전략

동영상을 검색하여 영상별로도 확인할 수 있는데, 동영상의 어느 지점에서 이탈했는지 확인할 수 있습니다. 급격하게 떨어지는 지점이 있다면 향후 영상 제작할 때 반영하여 이탈하는 지점을 최소화시키는 것이 중요합니다. 아래의 사례를 살펴보면서 분석을 통한 영상 제작 전략을 어떻게 세워야 하는지 생각해 보세요. 영상별로 검색하여 분석하는 방법은 192쪽 '실시간으로 분석하고 싶은 개별 동영상 조회하기'를 참고하세요.

영상 사례 #1 '레몬 범인 찾기'

레몬을 먹은 범인을 찾는 챌린지 영상입니다. 레몬 범인 찾기는 총 4번 진행되었는데, 그래프를 보면 범인이 공개된 직후에서 그래프가 떨어집니다. 유튜브 시청자는 동영상에 반복되는 패턴이 나올 경우 시청 도중 이탈하는 경우가 많습니다.

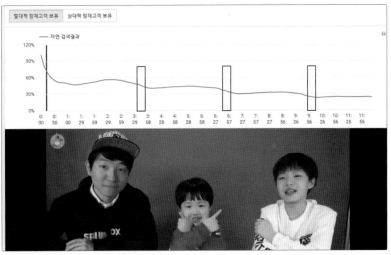

▶ 해당 동영상: https://youtu.be/M8mNlZx883w

영상 사례 #2. '말이야 얼굴 공개'

'말이야와 친구들' 채널에서 구독자가 10만 명이 되면 '말이야'의 얼굴을 공개하기로 공약을 걸었습니다. 실제로 구독자가 10만 명이 되는 순간 선글라스를 벗는 영상을 찍었는데 얼굴이 공개되는 시점에 그래프가 급격하게 올라가고 얼굴이 공개된 직후 그래프가 급격하게 감소합니다. 동영상 뒤쪽은 평소 구독자들이 궁금해 했던 Q&A에 대해서 답하는 내용인데, 한번 시청을 시작한 사람들은 거의 끝까지 보는 것을 확인할 수 있습니다.

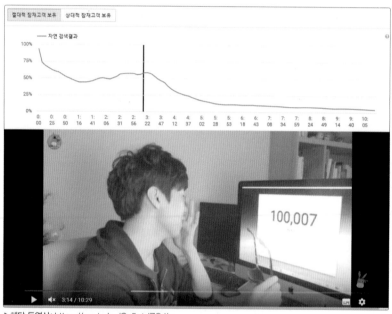

▶해당 동영상: https://youtu.be/Qy5otdZQ4lo

영상 사례#3. '미니언즈 분장'

미니언즈를 따라 분장한 동영상으로 분장이 완료된 시점에서 그래프가 올라간 것을 확인할 수 있습니다. 유튜브 시청자들이 [영상 뛰어넘기(skip)]를 하여 결론만 보는 경우가 많기 때문에 Before/After 영상에서 자주 나타나는 그래프 형식입니다. 하지만 이 영상의 경우 중간 과정에서 이탈이 전혀 일어나지 않은 점을 보았을 때 분장하는 과정에서 흥미가 지속적으로 유발되도록 제작이 잘된 것을 알 수 있습니다. 또 분장이 완료된 후 마무리 멘트를 할 때 그래프가 급감하게 되는 것을 확인할 수 있는데, 이를 통하여 마무리 멘트는 임팩트있게 하는 것이 좋다는 결론을 유추해 낼 수도 있습니다.

▶해당 동영상: https://youtu.be/jS6nxMsdRUA

영상사례 #4. '눈가리고 터닝메카드 맞추기'

눈을 가리고 어떤 터닝메카드인지 맞추는 동영상입니다. 처음 지정했던 게임룰이 너무 쉬워서 룰을 변경했는데, 변경된 내용을 텍스트로 설명을 했습니다. 게임룰 변경 안내 화면이 나오자마자 영상 그래프가 뚝 떨어졌습니다. 이 동영상을 통해 영상 제작 시 텍스트로만 설명하는 부분이 길어지면 이탈률이 높아진다는 것을 깨닫고 이후에 영상 속에서 말로 직접 말하여 설명하는 방법으로 변경하였습니다.

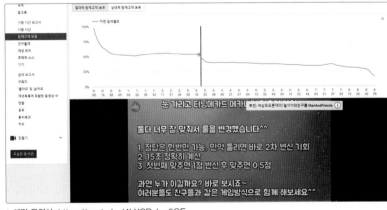

▶해당 동영상: https://youtu.be/4LXCR_km5QE

7 인구통계

[분석]-[인구통계]에서 채널을 시청하는 사람들의 유형을 확인할 수 있습니다.
'말이야와 친구들' 채널의 경우 만 35~44세의 시청자 비율이 높은 편입니다. 그
이유는 유튜브 가입을 하기 위한 최소 나이가 만 13세여서 그 이하의 시청자층
을 가진 채널의 경우 시청자층의 부모님 연령이 반영되었기 때문입니다. 대략적
으로 초등학생 이상의 시청층을 가진 채널은 '35~44세' 연령이 높게 나타납니
다. 정확한 연령은 파악이 어렵지만 부모님 연령을 역으로 추측하여 시청자층을
파악할 수 있습니다. 단 시청자층이 어릴 경우 정확한 성별 파악은 어렵습니다.

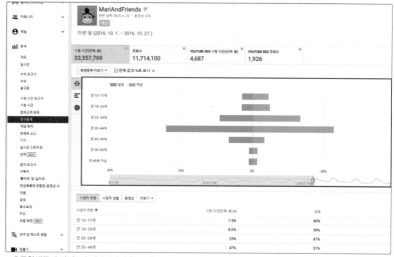

▶초등학생들이 많이 보는 '말이야와 친구들' 채널 인구통계

실제로 영유아를 대상으로 동영상을 제작하고 있는 '말이야와 아이들'의 경
우 '말이야와 친구들'에 비해 '25~34세' 비율이 높은 것을 알 수 있습니다. 그 이
유는 영유아의 부모 연령대가 '25~44세' 사이에 골고루 분포하지만 초등학생의
경우 '25~34세'의 부모님이 거의 없기 때문입니다.

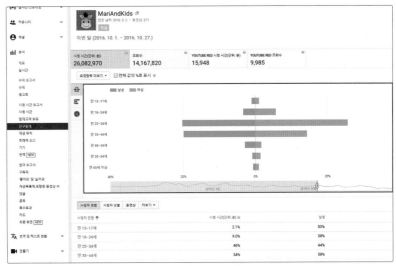

▶영유아의 부모 연령대가 많이 보는 '말이야와 아이들' 채널 인구통계

　　'친절한혜강씨' 채널의 경우 파워포인트 강의 동영상이 많은데 대학생, 직장인이 주 시청자층이라서 '18~24세', '25~34세'의 비율이 상대적으로 높습니다. 13세 이하의 경우 파워포인트 강의를 보는 경우가 거의 없어 인구통계의 경우 실제 시청자층과 거의 일치합니다.

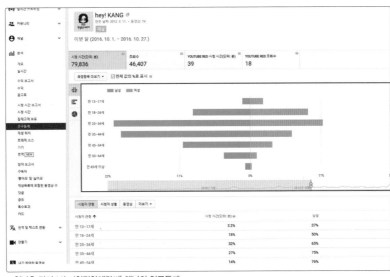

▶청년층 많이 보는 '친절한혜강씨' 채널의 인구통계

8 재생 위치

동영상이 어디에서 재생되었는지 확인할 수 있는 항목입니다.

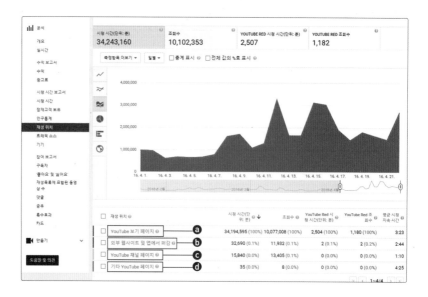

ⓐ YouTube 보기 페이지 : YouTube의 특정 동영상 페이지에서 동영상을 시청했다는 의미입니다. 가장 일반적으로 영상을 소비하는 방법입니다.

ⓑ 외부 웹사이트 및 앱에서 퍼감 : 다른 웹사이트나 앱에서 동영상을 퍼간 경우 동영상 시청자수를 보여줍니다. 해당 텍스트 링크를 클릭하면 세부적으로 동영상을 퍼간 여러 사이트와 앱에 대한 출처와 시청 시간을 분석할 수 있습니다.

ⓒ YouTube 채널 페이지 : 채널 페이지에서 직접 본 조회수입니다. 구독하지 않은 방문자의 경우 PC에서 채널로 방문하면 영상이 자동 재생되는데, 이 경우 시청된 시간이 'YouTube 채널 페이지'로 잡힙니다. 분석표에서 보이는 것처럼 자동 재생되는 경우가 많아 평균 시청 시간은 다른 '재생 위치'에 비해 많이 낮습니다.

ⓓ 기타 YouTube 페이지 : 특정 브라우저와 플레이어의 경우 YouTube 어디에서 콘텐츠를 감상했는지 구체적으로 파악할 수 없습니다. 이러한 조회수는 YouTube 보기 페이지에서 대부분 발생할 가능성이 높습니다.

9 트래픽 소스

[분석]-[트래픽 소스]에서 동영상 조회수가 어떤 경로를 통해 나왔는지 파악할 수 있습니다. 유튜브의 흐름을 알기에 좋은 분석 메뉴입니다. 트래픽 소스에서 중요한 요소는 하나씩 살펴보도록 하겠습니다. 관련 텍스트를 클릭하면 세부적인 내용을 자세히 확인할 수 있습니다.

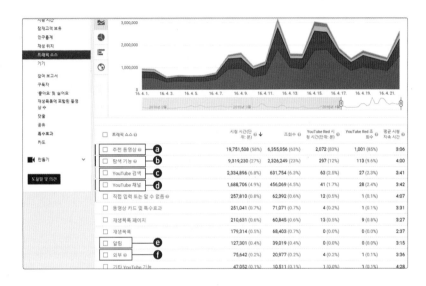

ⓐ 추천 동영상

트래픽 소스의 대표적인 유형으로, 추천에서 발생한 조회수입니다. 추천은 데스크톱에서는 오른쪽 화면에, 모바일에서는 영상 아래쪽에 뜨는 추천 동영상을 통해 유입된 트래픽을 의미합니다. 일반적으로 추천 동영상은 본인 채널의 영상인 경우가 많습니다. '말이야와 친구들' 채널의 경우 상위 25위까지는 모두 '말이야와 친구들' 채널의 영상에서 추천된 영상입니다. 다른 채널의 통해 추천이 될 경우 새로운 조회수 창출의 기회가 되기도 합니다.

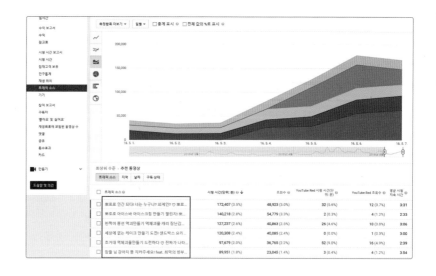

❶ 탐색 기능

홈 화면, 구독 정보, 감상한 동영상 등에서 발생한 트래픽입니다. 로그인한 사용자와 로그아웃한 사용자가 모두 포함됩니다. 갑자기 조회수가 급증한 경우 트래픽 소스를 확인해 보면 탐색 기능을 통해 노출된 경우가 많습니다. 시청 시간이 좋을 경우 내 영상을 구독한 사람들, 시청했던 적이 있거나 유사한 주제를 시청한 사람들의 '홈 화면'에 나타납니다.

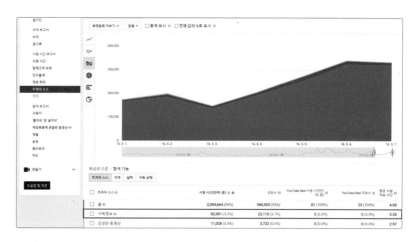

❸ YouTube 검색

채널 운영 초창기에는 일반적으로 'YouTube 검색'을 통한 유입이 많습니다. 하지만 채널이 성장하다 보면 추천 동영상과 탐색 기능의 비율이 높아져서 검색을 통한 유입이 상대적으로 낮아지기도 합니다. **'YouTube 검색'의 최상위 검색어로 채널 이름의 비율이 높게 나온다면 채널의 브랜딩이 잘 되고 있다고 생각해도 됩니다.** 채널의 이름을 검색해서 들어온 시청자의 경우 평균 시청 시간이 다른 검색어보다 월등히 높은 것을 확인할 수 있습니다. 만약 채널 이름 검색이 하위권에 머물고 있다면 브랜딩에 더 집중하고 영상에서 채널 이름이 잘 부각될 수 있도록 방향을 잡는 것이 좋습니다.

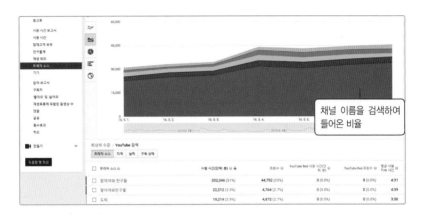

채널 이름을 검색하여 들어온 비율

❹ YouTube 채널

채널로 들어와서 직접 시청한 비율입니다. 대부분의 경우 본인 채널에서 시청이 많이 되지만, 다른 채널에서 내 채널을 추천 동영상으로 추천한 경우에 해당 채널의 시청 시간이 나타나기도 합니다. 'Popular on YouTube - South Korea'의 비율은 '인기 급상승 동영상'에 노출되어 재생된 시청 시간을 의미합니다.

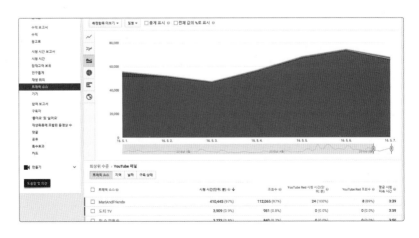

인기 급상승 동영상을 확인하는 방법

유튜브에서 인기가 급상승한 동영상 중 상위 50위까지 유튜브 홈 화면의 [인기 급상승 동영상]에서 확인할 수 있습니다. 인기 급상승에 뜨는 요인은 다양하지만 한국에서 시청 시간이 급상승한 동영상이 일반적으로 상위에 랭크됩니다.

만약 50위보다 더 많은 순위를 보고 싶다면 유튜브 검색창에 '#인기동영상 한국'을 입력하고 검색합니다. 그러면 유튜브 시스템에서 자동으로 생성된 'YouTube 인기동영상 – 한국'이라는 채널이 검색됩니다.

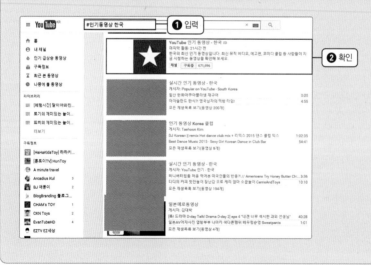

해당 채널의 [재생목록]에서 [실시간 인기 동영상 – 한국]을 선택합니다.

50위보다 순위가 더 많이 나타나기 때문에 본인의 영상이 한국에서 인기 순위권 내에 있는지 확인할 때 참고하면 됩니다. 200위까지는 동일 채널의 영상이 순위 안에 중복해서 들어가지는 않습니다.

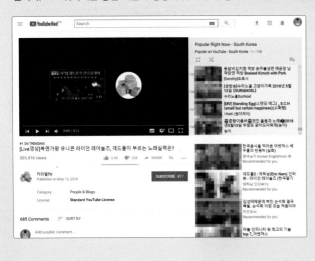

ⓔ 알람

알람을 통해서 시청된 비율은 '충성 구독자'라고 할 수 있습니다. 동영상이 업로드되자마자 바로 영상을 시청하러 온 구독자의 경우 영상의 댓글, 공감을 많이 합니다. 알람을 통해 시청한 사람들이 영상을 오래 시청했을 경우 영상지수가 좋아져 빠르게 유튜브 홈 화면에서도 노출될 가능성이 높아지고 '추천 동영상' 목록에 추천될 가능성도 높아집니다. '알람' 시청자의 비율을 높이기 위해서는 구독자가 좋아할 만한 콘텐츠를 만들고, 영상의 '제목'을 흥미를 끌 수 있게 만드는 것이 중요합니다. 실제로 '말이야와 친구들' 채널의 경우 주제에 따라 '알람'을 통해 유입되는 비율의 차이가 큽니다.

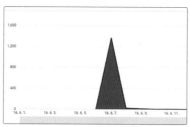

▶구독자들이 좋아하지 않는 '장난감' 주제 영상 업로드 시 알람을 통한 조회수

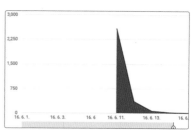

▶구독자들이 좋아하는 '챌린지' 주제 영상 업로드 시 알람을 통한 조회수

ⓕ 외부

외부를 통한 유입을 확인할 수 있습니다. 외부를 통한 유입은 본인이 직접 공유를 통해 타 채널에 확장한 경우도 있지만, 시청자들이 자발적으로 동영상을 공유해 타 채널에 공유한 경우가 많습니다.

트래픽 소스 ⓘ	시청 시간(단위: 분) ⓘ ↓	조회수 ⓘ	YouTube Red 시청 시간(단위: 분) ⓘ	YouTube Red 조회수 ⓘ	평균 시청 지속 시간 ⓘ
☐ 알 수 없음 ⓘ	14,739 (64%)	3,139 (54%)	0 (0.0%)	0 (0.0%)	4:41
☐ 네이버 검색	5,019 (22%)	1,243 (22%)	0 (0.0%)	0 (0.0%)	4:02
☐ naver.com	839 (3.6%)	458 (7.9%)	0 (0.0%)	0 (0.0%)	1:49
☐ Google Search ⓘ	766 (3.3%)	333 (5.8%)	0 (0.0%)	0 (0.0%)	2:18
☐ Samsung Internet for Android	163 (0.7%)	86 (1.5%)	0 (0.0%)	0 (0.0%)	1:53
☐ search.zum.com	158 (0.7%)	34 (0.6%)	0 (0.0%)	0 (0.0%)	4:38
☐ blogspot.kr	143 (0.6%)	69 (1.2%)	0 (0.0%)	0 (0.0%)	2:04
☐ kakao.com	114 (0.5%)	22 (0.4%)	0 (0.0%)	0 (0.0%)	5:12
☐ Band	106 (0.5%)	14 (0.2%)	0 (0.0%)	0 (0.0%)	7:34
☐ Google ⓘ	103 (0.4%)	35 (0.6%)	0 (0.0%)	0 (0.0%)	2:56
☐ Safari 앱	97 (0.4%)	27 (0.5%)	0 (0.0%)	0 (0.0%)	3:35
☐ Facebook	90 (0.4%)	22 (0.4%)	0 (0.0%)	0 (0.0%)	4:05
☐ com.google.android.youtube	63 (0.3%)	33 (0.6%)	0 (0.0%)	0 (0.0%)	1:55
☐ search.daum.net	54 (0.2%)	13 (0.2%)	0 (0.0%)	0 (0.0%)	4:10
☐ papapage.net	45 (0.2%)	12 (0.2%)	0 (0.0%)	0 (0.0%)	3:43
☐ zum.com	37 (0.2%)	6 (0.1%)	0 (0.0%)	0 (0.0%)	6:09
☐ Samsung Email	35 (0.2%)	6 (0.1%)	0 (0.0%)	0 (0.0%)	5:47
☐ pokemonkorea.co.kr	33 (0.1%)	3 (0.1%)	0 (0.0%)	0 (0.0%)	10:52

유튜브 동영상은 네이버 검색을 통해서도 노출됩니다. 동영상 검색이 많이 일어나는 키워드의 경우는 검색 결과에 '동영상'이 상단에 노출되는 경우가 많습니다. 별도의 작업을 통해 노출되는 것은 아니며 네이버에 자동으로 검색됩니다.

▶네이버 사이트에서 '말이야와 친구들'을 검색한 결과 화면

🔟 기기

[분석]-[기기]에서 내 채널은 주로 어느 기기를 통해 소비되는지 파악할 수 있습니다. 컴퓨터를 활용해야 하는 콘텐츠를 제외하고는 거의 대부분은 스마트폰을 통해 소비됩니다. 따라서 **콘텐츠를 제작하고 채널 아트나 채널 아이콘 등을 만들 때에는 스마트폰에서도 잘 보이는지 고려해야 합니다.**

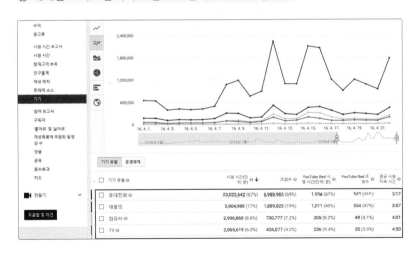

11 구독자

[분석]-[구독자]에서 구독자의 증감 추이를 확인할 수 있습니다. **구독자의 경우 비구독자에 비해 영상에 대한 시청 시간이 높고 내 채널에 대해 긍정적으로 생각할 확률이 더 높기 때문에 구독자를 많이 늘리는 것이 중요합니다.** 시청 시간 또는 조회수 대비하여 구독자가 늘기도 하지만, 내 채널이 아닌 다른 채널을 통해 내 동영상이 추천되었을 때 신규 구독자가 많이 늘어납니다. 신규 구독자를 확보하기 위해서는 다른 유튜브 크리에이터들과 콜라보레이션 영상을 찍는 것도 좋은 방법입니다. 협업을 통한 콜라보레이션 영상에 관한 내용은 234쪽을 참고하세요.

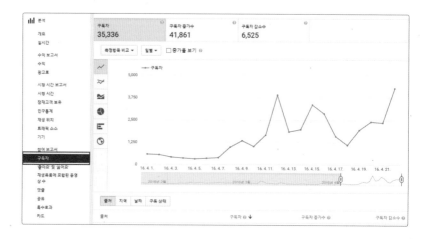

구독자가 평균 시청 시간에 미치는 영향

[분석]-[시청 시간]에서 [더보기]를 클릭한 후 [구독 상태]로 비교해 보면 [구독 안함]과 [구독 중]인 시청자의 시청 시간을 비교할 수 있습니다. 두 부류를 보았을 때 '평균 시청 지속 시간'은 '구독 중'인 시청자의 시청 시간이 월등히 높은 것을 확인할 수 있습니다.

214

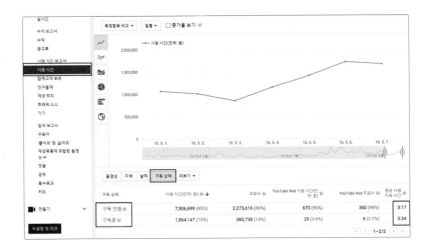

🔢 좋아요 및 싫어요

동영상의 '좋아요'와 '싫어요'를 한눈에 볼 수 있는 분석 메뉴입니다. '좋아요'가 많아질수록 '싫어요'도 함께 많아지므로 '싫어요'는 크게 연연하지 않는 것이 정신 건강에 좋습니다. 악의적으로 '싫어요'를 누르는 사람들도 많기 때문에 '싫어요'는 영상 지수에 영향을 끼치지 않는다고 합니다. 하지만 유난히 다른 영상에 비해 '싫어요'가 많다면 영상을 되돌아볼 필요성은 있습니다.

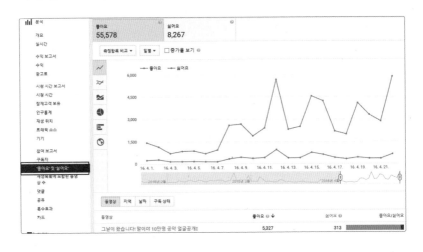

13 재생목록에 포함된 동영상 수

재생목록에 포함된 동영상 수가 많아진다는 것은 그만큼 간직하고 싶은 영상이라는 의미입니다. 해당 수치가 높아진다면 영상 콘텐츠가 건전하게 성장한다고 생각하면 됩니다. 시청자가 추가한 재생목록도 검색에 노출되므로 시청자들에게 '재생목록 추가'를 권장하는 것도 좋은 방법입니다.

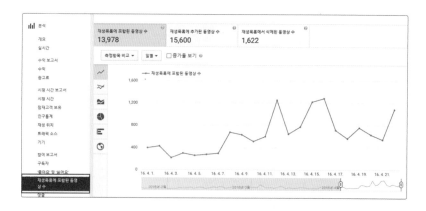

14 댓글 · 공유

댓글과 공유가 많으면 영상에 긍정적인 영향을 끼치므로 **댓글과 공유를 남기도록 유도하는 것이 중요합니다.** 이와 관련된 동영상 제작 전략은 217쪽의 '잠깐만요'에서 확인하세요.

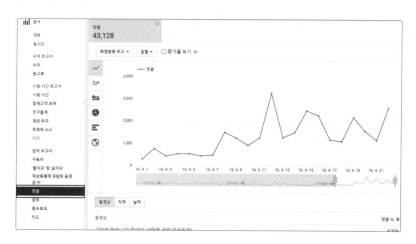

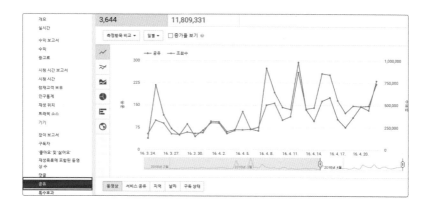

잠깐만요   시청자의 댓글을 유도하는 방법

비슷한 조회수의 영상인데도 어떤 동영상에는 댓글을 많이 달리고 어떤 동영상에는 그렇지 않은 경우도 있습니다.
때로는 조회수는 낮아도 댓글의 수가 많은 경우도 있습니다.

1 조회수는 높지만 댓글이 비교적 적은 동영상
동영상이 재미있어 인기는 좋았지만 특별히 댓글에
대한 언급이 없습니다.

2 댓글이 많지 않으나 조회수에 비해 댓글이 어느 정도 있는 동영상
동영상에서 질문은 하지 않았지만 동영상의 댓글로
다음에는 어떤 음식을 진행해볼지 질문하였습니다.

3 조회수에 비해 댓글이 많은 동영상
누가 스카이콩콩을 가장 웃기게 탔는지 고르고 최저
득표자는 도라에몽 분장을 한다고 공지하였습니다.

4 조회수는 낮지만 댓글이 많은 동영상
장난감 동영상이라 인기는 많지 않았지만 댓글로
응모 시 이벤트로 장난감 선물 증정한다고 공지했
습니다.

시청자가 함께 참여할 수 있는 동영상을 만드는 것은 더 많은 댓글을 유도할 수 있습니다. 예를 들어 시청자가 1등
을 고르고 꼴찌에게는 벌칙을 받게 하는 것처럼 시청자들의 참여로 동영상을 만들어가는 것입니다. 영상에서 언급
을 하지 않았다면 영상을 올린 후 댓글로 질문을 하면 해당 댓글을 본 시청자가 또 댓글을 달기도 합니다. 이벤트를
열 경우 댓글을 직어 응보하는 방법도 댓글 유도에 좋은 방법입니다.

🔢 카드

시청자가 영상을 볼 때 우측 상단에 메시지가 뜨는 형태입니다. 영상, 재생목록, 채널 등을 추천해 줄 수도 있고 설문조사를 넣을 수도 있습니다. 영상 속에서 관련 영상을 소개하고 싶을 때 카드 기능을 이용해서 추천해 줄 수도 있고, 설문조사를 통해 시청자의 의견을 물어볼 수도 있습니다. 설문조사와 관련된 내용은 160쪽을 참고 하세요.

　　[카드] 기능을 선택했을 때 클릭수를 기준으로 상위 영상을 필터링할 수 있는데 설문조사를 한 카드라면 마우스 커서를 영상 제목쪽에 가까이 대면 '설문조사 결과'를 아래 그림과 같이 확인할 수 있습니다.

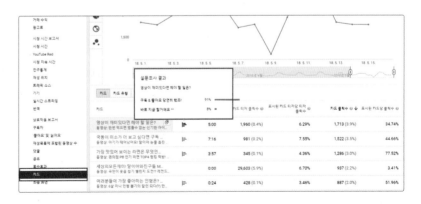

[카드 유형]을 선택하면 유형별로 얼마나 클릭되었는지, 클릭 비율은 어떻게 되는지 확인할 수 있습니다. 카드만 넣는 것이 아니라 영상 속에서 자막이나 출연자가 직접 카드 클릭을 하도록 언급하면 클릭율을 크게 높일 수 있습니다.

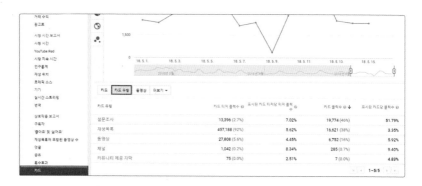

16 최종 화면

영상 끝 부분에 최대 20초까지 표시할 수 있는 영역으로, 끝까지 영상을 본 충성도 높은 시청자를 위한 추천 동영상을 최종 화면에 넣을 수 있습니다. 최종 화면을 활용해 영상을 추천하면 의미 있는 조회수를 기록할 수 있지만 결국 시청자는 인기가 없는 영상보다는 인기 있는 영상을 클릭할 확률이 높기 때문에 전략적으로 인기 있는 영상을 최종 화면에서 추천하면 효과적입니다.

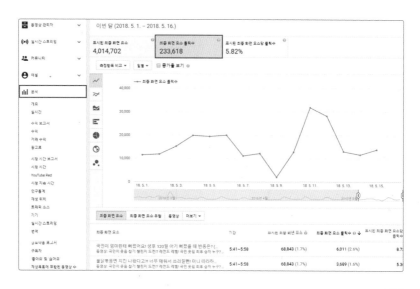

모바일에서 분석하는 'YouTube 제작자 스튜디오' 앱

유튜브 분석을 통해 영상을 지속적으로 모니터링하는 것은 향후 새로운 영상 제작에 도움이 됩니다. 예를 들어 제목 또는 섬네일을 변경한 후 어떠한 변화가 생겼는지 등을 관찰하면서 어떻게 인기 있는 영상을 제작할 수 있을지 고민하면 좋습니다. PC뿐만 아니라 모바일 앱인 'YouTube 크리에이터 스튜디오'를 통해서도 체계적으로 분석할 수 있습니다.

유튜브에서는 모바일에서도 유튜브 분석을 할 수 있는 'YouTube 제작자 스튜디오' 앱을 제공합니다. PC에서와 동일한 분석 결과이긴 하지만, 데스크톱의 분석 툴과 보는 방법이 달라 어떤 경우에는 모바일에서 확인하는 것이 쉽습니다. 필자의 경우도 채널을 분석할 때 데스크톱과 모바일을 함께 봅니다.

▶안드로이드 'Play 스토어'에서 다운로드

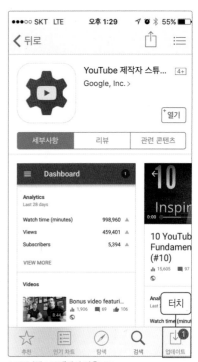

▶iOS '앱스토어'에서 다운로드

모바일에 'YouTube 제작자 스튜디오' 앱을 설치한 후 실행합니다. 앱 실행 시 '최근 28일'에 대한 통계와 최근 동영상이 보입니다. [더보기]를 터치하면 상세 메뉴를 확인할 수 있습니다.

▶[더보기]를 터치하였을 경우

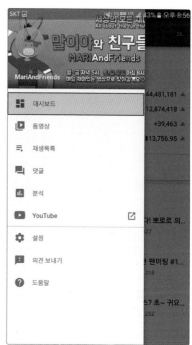

▶앱 'YouTube 크리에이터 스튜디오' 대시보드 화면

잠깐만요 **유튜브 크리에이터 스튜디오에서 여러 개의 채널을 관리하는 방법**

1 여러 개의 유튜브 채널을 관리한다면 로그아웃 후 다시 로그인할 필요 없이 한 번에 여러 계정의 유튜브 채널을 관리할 수 있습니다. 왼쪽 메뉴 화면에서 채널 이름(여기에서는 [MariAndFriens])을 터치하면 선택할 수 있는 다른 채널이 나옵니다. 만약 다른 계정에 있는 채널이라면 화면 아래쪽에 있는 [계정 관리]를 터치하여 추가할 수 있습니다.

2 채널 이름을 다시 터치하면 관련 메뉴가 나옵니다.

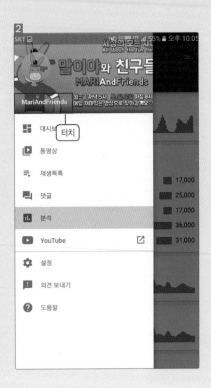

1 [분석]-[개요]에서는 전체 영상의 ⓐ[실시간 조회수]와 ⓑ[최근에 게시된 동영상의 실시간 조회수]도 함께 조회할 수 있습니다. 최근 28일에 대한 ⓒ[시청시간], ⓓ[조회수] 등을 조회할 수 있습니다. 'YouTube 제작자 스튜디오' 앱의 경우 해당 분석을 클릭 시 더 자세한 내용을 볼 수 있습니다.

2 [실시간 조회수]를 선택 시 '지난 48시간'의 분석도 볼 수 있지만, '마지막 60분'에 대한 조회수도 제공합니다.

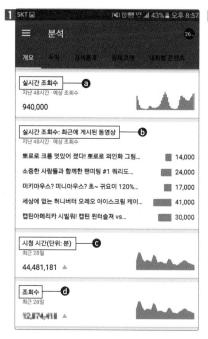

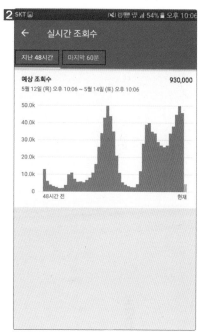

1 [분석]-[개요]의 [구독자의 시청 시간]은 전체 시청 시간에서 구독자가 시청하는 시간 비율을 나타내는 자료입니다. 해당 메뉴를 PC에서 보려면 여러 조건을 입력해야 분석이 가능한데, 앱에서는 한번에 바로 확인할 수 있습니다. 일반적으로 구독하지 않은 시청자가 시청하는 비율이 높습니다. 그 이유는 대부분 **시청자들은 구독을 하지 않고, 검색 또는 추천 동영상을 통해 시청하기 때문입니다.** 하지만 구독자의 평균 시청 시간이 길고, 채널에 대한 호감도가 높기 때문에 장기적으로는 구독자가 시청하는 비율을 높일 수 있도록 노력해야 합니다.

2 [분석]-[수익]을 터치해 광고에 대한 수익을 확인할 수 있는데, PC 분석과 비교하여 'CPM(노출당 비용) 상위 국가'를 분석하기 편합니다. 대부분 **광고 시장이 활성화 되어 있는 국가에서 CPM이 높다는 것을 알 수 있습니다.** 단 조회수가 현저하게 낮은 국가의 CPM은 정확한 데이터가 되기 어렵습니다. 해당 국가에서 시청한 시청자가 한 명이라고 했을 때 그 시청자가 광고 비용을 창출했다면, 실제 해당 국가의 CPM보다 높게 나올 가능성이 큽니다. 해당 CPM은 충분한 데이터가 될 만한 조회수(시청 시간)가 있는 국가에 한하여 참고용으로 보길 바랍니다.

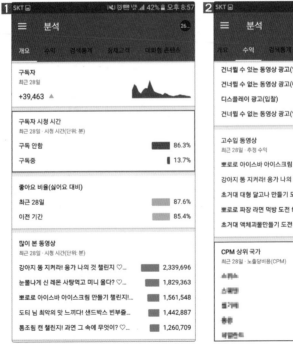
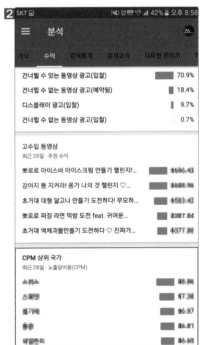

1 [분석]-[검색 통계]에서 [트래픽 소스 유형]을 통하여 어떻게 채널에 유입이 되었는지를 조회할 수 있습니다.

2 [분석]-[잠재고객]을 통하여 시청자의 성별, 연령, 국가 등을 한눈에 확인할 수 있습니다. 영유아, 초등학생이 보는 채널을 가지고 있다면 25~33세, 45~44세는 부모님의 연령일 수 있다는 것을 참고하길 바랍니다.

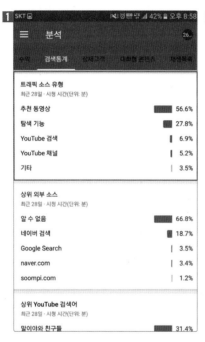

영상에 모자이크 처리하는 방법

영상에 나오지 말아야 하는 개인정보 또는 사람의 얼굴을 유튜브 내에서 흐리게 설정할 수 있습니다. 영상이 업로드된 이후에도 수정이 가능하므로 뒤늦게 발견한 부분도 모자이크 처리를 할 수 있어서 유용합니다.

수정할 동영상에 들어가서 [동영상 수정]을 선택합니다. [직접 흐리게 처리]의 [수정]을 클릭합니다. 모자이크를 처리할 영상의 시작 부분을 찾아 범위를 드래그하여 모자이크할 영역을 지정하면 해당 개체의 위치가 바뀌어도 따라다니면서 모자이크 처리가 됩니다. [완료]를 선택한 후 [저장]을 누릅니다.

변환되는 데에는 일정 시간이 걸립니다. 따라서 영상 업로드 전에 미리 변환한 후에 발행하는 것이 좋습니다. 이미 업로드된 영상이라면 변환이 완료된 후 사용자들에게 흐리게 효과가 반영됩니다.

분석 및 전략

1 [분석]-[대화형 콘텐츠]에서 카드 기능의 클릭수와 많이 클릭되는 카드 등을 알 수 있습니다. PC에서의 카드 분석보다 조금 더 쉽게 분석을 볼 수 있습니다.

2 [분석]-[재생목록]에서 재생목록에서 재생되는 시청 시간, 조회수 등을 조회할 수도 있습니다. 재생목록의 경우 아래 자료에서 보는 것처럼 단일 영상을 재생한 것보다 평균 시청 시간이 더 높게 나옵니다. 즉 시청자로 하여금 재생목록으로 영상을 시청할 수 있게 유도하는 것이 시청 시간 확보에 유리합니다.

1 [메뉴] 아이콘(≡)을 선택한 후 [동영상]을 선택하면 개별 영상별로 확인할 수 있습니다.

2 [최신 동영상순] 또는 [최다 조회순]으로 조회할 수 있습니다. PC와 비교하여 모바일이 개별 영상에 대한 분석을 하는 데 쉬운 편입니다. 원하는 동영상을 선택하면 관련된 모든 분석을 볼 수 있습니다.

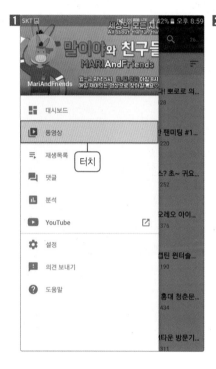

분석 및 전략

동영상을 조회하면 최근 28일에 대한 수익이 나옵니다. 만약 영상을 업로드한 지 28일이 지나지 않았다면 업로드된 날 이후의 조회수 및 수익이 나옵니다. 또한 영상별 댓글 확인이 가능합니다. [더보기]를 선택하면 분석 내용을 자세히 볼 수도 있고, 댓글 역시 자세히 볼 수 있습니다. [분석]에서 [더보기]를 선택하면 해당 영상에 대한 분석을 볼 수 있습니다.

잠깐만요 **유튜브 커뮤니티 기능**

유튜브 구독자가 1만 명이 넘으면 '커뮤니티' 기능이 활성화됩니다. 공지나 영상 등을 공유할 수도 있고 투표도 할 수 있어 유용합니다. 하지만 채널의 성향에 따라 '커뮤니티' 기능이 활성화되지 않을 수 있습니다. 예를 들어, 키즈 성향이 강한 채널은 커뮤니티 기능이 생기지 않습니다. 하지만 키즈 성향의 영상을 올리더라도 시스템상 '키즈'라고 인식되지 않을 수도 있기 때문에 무조건 생기지 않는 것도 아닙니다. '말이야' 채널에도 커뮤니티 기능이 있는 채널도 있고 없는 채널도 있습니다. 만약 구독자 수가 1만 명이 넘었는데도 커뮤니티가 생기지 않았다면 앞으로도 생기지 않을 가능성이 큽니다.

전체 채널 분석과 제공하는 기능은 거의 동일하지만, 해당 영상에 대해서만 분석하기 때문에 향후 영상 제작에도 도움이 됩니다. 특별히 영상별로 보았을 때는 [시청 지속 시간]을 통해 영상을 시청할 때 시청자들이 어디에서 이탈했는지, 얼마나 지속해서 봤는지 바로 분석할 수 있습니다.

유튜브에서는 영상 제작에 필요한 브랜딩부터 제작기술, 수익창출, 분석, 잠재 고객 확보 등 다양한 정보를 동영상 강의를 통해 제공합니다. 단계별, 주제별로 제공하여 필요에 따라 선택하여 들으면 유튜브 운영에 도움이 될 것입니다.

▶ 유듀브 세삭사 아카데미 사이트
(https://creatoracademy.withgoogle.com/creatoracademy)

분석 및 전략

■ 메뉴에서 [댓글]을 선택하면 채널의 모든 댓글을 한 번에 관리할 수 있습니다.

■ 댓글을 한 번에 볼 수도 있고, [게시된 댓글]의 내림 단추를 터치하면 [검토 대기 중인 댓글], [스팸일 수 있는 댓글]도 확인할 수 있어 악플 혹은 문제가 될 수 있는 댓글에 대해서 빠르게 대처할 수 있습니다. 영상에 좋아요 혹은 싫어요 를 누를 수 있고 댓글도 바로 달 수 있습니다.

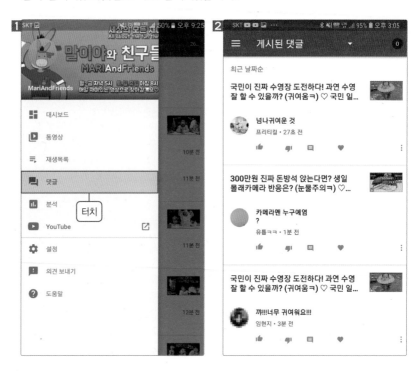

좋아요 모양(👍)과 하트 모양(♥)에는 차이점이 있습니다. 좋아요 모양은 누구나 클릭할 수 있으나, 하트 모양은 채널 소유자만 클릭할 수 있습니다. 특히 댓글이 많은 채널의 경우 모든 댓글에 답을 달 수 없기 때문에 하트 모양을 클릭 해 댓글을 달아준 시청자에게 고마움을 표현할 수 있습니다.

유튜브 크리에이터 구독자별 혜택

유튜브에서는 구독자 수가 늘어날수록 상위 레벨을 획득하고 유튜브에서 워크숍, 이벤트, 제작 리소스 이용에 이르는 다양한 혜택을 제공하고 있습니다. 상위 레벨의 경우 하위 레벨에서 제공되는 모든 혜택을 누릴 수 있습니다.

구독자 레벨	구독자 수(명)	혜택
그래파이트	0~1,000명	• 크리에이터 아카데미 학습 제공 • 크리에이터 스튜디오로 채널 관리 • 수익 창출 채널 지원
오팔	1,000~1만 명	• 크리에이터데이 행사 참여 • YouTube 스페이스 이벤트 또는 워크숍 참석 • 거주 지역의 크리에이터와 교류
브론즈	1만~10만 명	• 채널 상담 프로그램 참여 • YouTube NextUp 콘테스트 참가 자격 획득 • YouTube 스페이스 제작 시설 이용권 획득 • YouTube 앰배서더 활동
실버	10만~100만 명	• 실버 플레이 버튼 수여 • 크리에이터 명예의 전당 입성 • 특별 이벤트 참여 • 전담 파트너 관리자 배정
골드	100만~1,000만 명	골드 플레이 버튼 수여
다이아몬드	1,000만 명 이상	다이아몬드 플레이 버튼 수여

푸드 · 먹방

떵개떵 https://www.youtube.com/channel/UC-i2ywiuvjvpTy2zW-tXfkw

떵개와 개떵이라는 두 형제가 운영하는 채널입니다. 팬의 증언에 따르면 '먹방을 위해 태어난 것이 난 것 같다.'라는 표현을 얻을 만큼 먹는 데에 최적화된 신체구조를 가졌습니다. 먹는 소리, 플레이팅 등 먹는 것 자체에 집중하여 콘텐츠를 제작해 많은 팬을 보유하고 있습니다.

'떵개떵' 채널 화면

엔터테인먼트

흔한남매 https://www.youtube.com/user/ddmchu

남매라고 되어있지만 실제로는 연인 관계인 크리에이터가 운영하는 채널입니다. 실제 개그맨으로 위트있는 구성이 특징입니다. 유튜브 주 타켓층인 초등학생, 중학생들의 감성에 맞추어 콘텐츠를 제작해 빠르게 성장하고 있습니다. 재능있는 개그맨들의 TV 프로그램 출연 기회가 점차 줄어들면서 유튜브로 많이 넘어오고 있습니다. 개그 감각이 뛰어나기 때문에 유튜브 코드에 잘 맞아 채널이 크게 성장하는 편입니다.

'흔한남매' 채널 화면

PART 07
구독자를 늘리는
채널 홍보

'비시청자'를 '충성팬'으로 만드는 노하우

유튜브에서 내 채널을 성공적으로 운영하기 위해서는 비시청자를 시청자로, 시청자를 구독자로, 구독자를 충성팬으로 만드는 과정이 중요합니다. 이번 장에서는 비시청자를 시청자로 어떻게 만들 수 있는지, 내 채널의 동영상을 즐겨찾는 팬으로 만들 수 있는지 살펴보겠습니다.

1 '비시청자'에서 '시청자'로

비시청자를 시청자로 만들기 위해서는 두 가지 방법이 있습니다. 하나는 메타데이터를 활용하는 방법이고, 또 다른 하나는 다른 유튜브 제작자와 협업을 통해 시청자를 내 채널로 유도하는 방법입니다. **첫째, 유튜브 사용자들에게 내가 업로드한 영상이 최대한 많이 노출될 수 있도록 '메타데이터'를 잘 입력해야 합니다.** 앞서 132쪽에서 '메타데이터'에 대한 자세한 설명을 하였으므로 궁금하다면 다시 한번 살펴보기 바랍니다.

둘째, 다른 유튜브 크리에이터와 함께 영상을 찍는 것(콜라보레이션)으로 비시청자를 시청자로 유입할 수 있습니다. 예를 들어 '말이야와 친구들'은 영상을 촬영한 2016년 초 당시 구독자 약 50만 명을 보유한 인기 크리에이터, '도티' 님과 콜라보레이션 동영상을 찍었습니다. '게임'과 '키즈'라는 서로 다른 카테고리 주제이지만 비슷한 시청자층(초등학생)을 가지고 있었기 때문에 콜라보레이션의 효과가 컸습니다.

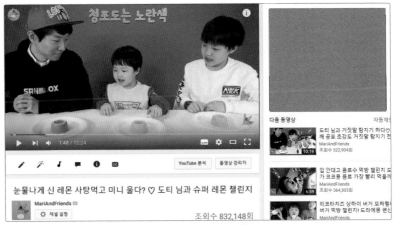

▶도티TV와 콜라보레이션을 진행한 동영상(https://youtu.be/M8mNlZx883w)

4월 8일, 15일 두 차례에 거쳐서 콜라보레이션 영상을 업로드했고 조회수가 해당 시점에 급격하게 증가한 것을 알 수 있습니다. 그때 새로운 시청자들이 영상에 호감을 가지게 되면서 콜라보레이션 영상이 없어도 기존의 조회수보다 높은 수준의 조회수가 유지되었습니다.

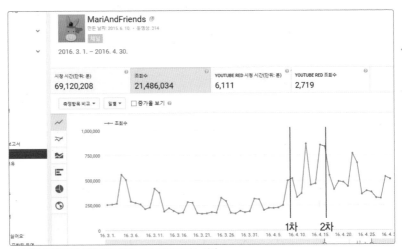

▶콜라보레이션 영상 찍은 전후의 지난 두 달간의 조회수 변화

하지만 인기 크리에이터와 콜라보레이션 영상을 찍는 것은 채널의 구독자가 저다면 진행되기기 아주 어렵습니다. MCN 회사에 가입될 경우 소속되어 있는 크리에이터와 좀 더 수월하게 콜라보레이션을 찍을 수도 있지만, 같은 소속이라

고 하여 인기가 많은 크리에이터가 함께 찍는 경우는 드뭅니다. **무조건 인기 크리에이터를 찾기보다는 시청자층이 비슷한 채널 중에서 비슷한 규모를 가진 채널에 제안을 한다면 성사될 확률이 훨씬 높습니다.** 제안을 할 때는 상대방에게 어떤 이점을 줄 수 있는지를 잘 정리한 후 연락해 보기 바랍니다.

2 '시청자'에서 '구독자'로

시청자를 구독자로 만들기 위한 기본적인 방법은 구독하고 싶은 좋은 동영상을 만드는 것입니다. 좋은 동영상을 만들기 위해서는 201쪽의 '시청 지속 시간 분석' 등을 연구하여 시청자들이 동영상을 보고 언제 이탈하는지를 파악해 이탈률을 낮출 수 있는 좋은 영상을 만들기 위한 연구를 꾸준히 해야 합니다.

시스템적으로는 구독을 유도할 수 있는 URL을 만들 수 있습니다. 채널 방문 시 구독을 유도할 수 있는 화면이 뜨는 것으로, 이 화면이 보인다고 하여 구독하는 것은 아닙니다. 하지만 채널의 영상이 마음에 든 사람의 경우 구독할지 말지에 대해 생각해 볼 수 있으므로 알아두는 것이 좋습니다.

무작정 따라하기 25 ▶ **구독을 유도하는 URL 만들기**

01 ▶ 유튜브에서 [내 채널]을 선택합니다. 내 채널 접속 시 주소 표시줄에 있는 주소가 본인 채널의 주소입니다. Ctrl + C 를 눌러 해당 주소를 복사합니다.

02 본인 채널로 접속 시 구독창이 뜨지 않으므로 로그아웃을 하거나 내 채널을 구독하지 않은 계정으로 로그인을 합니다. 주소 표시줄에 Ctrl + V 를 눌러 방금 전 복사했던 채널을 붙여넣기하고 채널 주소 뒤에 '?sub_confirmation=1'을 입력한 후 Enter 를 눌러 해당 주소로 이동합니다.

03 내 채널을 구독할 수 있는 [채널 구독 확인] 창이 나타나면서 사용자가 채널을 바로 구독할 수 있도록 메뉴가 나타납니다. 채널을 이미 구독한 사람이나 본인 계정으로 로그인한 경우에는 뒤에 문자를 추가하더라도 [채널 구독 확인] 창이 보이지 않기 때문에 로그인이 되어 있지 않은 상태에서 잘 되는지 테스트해 보기 바랍니다. 이렇게 만든 주소를 다른 사람에게 보여주거나 전달할 때 사용하세요.

맞춤형 URL 주소 만드는 방법

URL을 별도로 지정하지 않으면 일반적으로 채널의 주소가 복잡하게 보입니다. '말이야와 아이들(MariAndKids)' 채널의 기본 주소는 'https://www.youtube.com/channel/UCPGFLUUESbnhkOTplt71Awg'입니다. 이런 주소를 다른 사람에게 알려주면 웬만해서는 직접 입력해서 들어가기가 어렵겠죠. 유튜브는 아래의 조건을 만족할 시에 '맞춤형 URL(http://youtube.com/c/맞춤 이름)'을 만들 수 있습니다.

- 구독자 100명 이상
- 채널 개설 후 최소 30일 경과
- 채널 아이콘 이미지 업로드 완료
- 채널 아트 업로드 완료

해당 조건을 만족하면 [크리에이터 스튜디오]의 [대시보드]의 알람에서 '새 맞춤 URL 사용하기'라는 알림이 뜨고 그 이후에 고급 설정을 통해 지정할 수 있습니다

유튜브 상단 채널 아이콘을 클릭한 후 [Youtube 설정]을 선택합니다. 그리고 [고급 설정]을 클릭합니다. '맞춤 URL을 사용할 수 있습니다'라는 메시지가 있다면 [여기]를 클릭합니다.

맞춤 URL 이용약관 동의에 클릭하고 [URL 변경]을 선택합니다.

일반적으로 Youtube 채널은 맞춤 URL을 1개만 보유할 수 있으며 맞춤 URL을 다른 사람에게 이전하거나 할당할 수 없습니다.

1년에 최대 세 번 채널에서 맞춤 URL을 삭제할 수 있습니다. 그러면 URL이 비활성화되어 시청자를 채널로 안내하는데 사용할 수 있습니다. 사용하던 URL을 수정하거나 삭제하고 싶다면 http://aboutme.google.com으로 접속합니다. 사이트의 ✎이 표시됩니다.

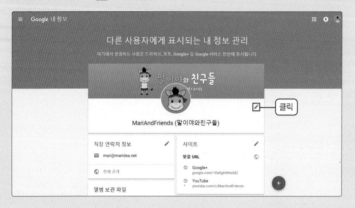

삭제한 주소 오른쪽에 붙은 ⊗아이콘을 클릭하여 삭제합니다. 그러면 처음 맞춤형 URL을 지정했던 방식과 동일하게 새 URL을 만들면 됩니다.

잠깐만요 **유튜브 실시간 구독자 확인하는 방법**

실제 유튜브 구독자 수와 보이는 구독자 수의 격차가 있어서 정확한 확인을 위해서는 PC에서 [크리에이터 스튜디오]에 접속해야 합니다. 하지만 외부에 있을 경우나 실시간으로 구독자 수가 증가하는 것을 보고 싶다면 'YouTube Realtime'(https://akshatmittal.com/youtube-realtime)을 이용합니다. 내 채널의 구독자뿐만 아니라 다른 채널의 구독자도 한번에 확인할 수 있어 편리합니다.

검색 창에 채널 이름을 검색합니다. 채널의 인지도가 있는 경우 주요 키워드만 입력해도 채널 검색이 가능합니다. 해당 키워드로 검색했을 때 최상위에 뜨는 채널이 검색되는 원리입니다. '말이야와 친구들' 채널의 경우 채널 이름은 'MariAndFriends'이지만, '말이야'라고 검색했을 때도 채널이 최상단에 표시되어 '말이야'라는 키워드만 입력해도 채널 검색이 가능합니다. 내 채널이 나오지 않는다면 채널 주소를 입력하면 됩니다.

본인의 채널이 검색되어 있는 상태에서 주소창의 주소를 복사해 '카카오톡'과 같은 메신저를 통해 주소를 보내면 모바일에서도 실제 구독자 수를 실시간으로 확인할 수 있습니다. 구독자를 자주 확인하고 싶은 채널이 있다면 채널의 URL을 복사하고 [Pin User]를 클릭해 추가하면 왼쪽 메뉴에 즐겨찾는 채널을 추가할 수 있습니다.

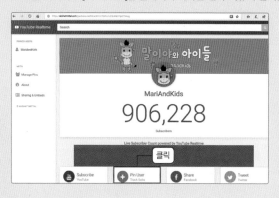

'말이야와 친구들' 채널은 구독자가 10만 명이 넘는 순간을 'YouTube Realtime'을 통해 실시간으로 카운트다운을 하면서 기념 영상을 만들어 구독자의 호응을 얻었습니다.

▶10만 명 구독자 달성 영상(https://youtu.be/Qy5otdZQ4lo)

3 '구독자'를 '충성팬'으로

구독자는 채널에 조금만 관심이 있어도 구독을 하는 경우가 있습니다. 하지만 구독을 했다고 해서 채널의 모든 동영상을 챙겨보지는 않습니다. 내 채널에 대해서 호감을 가지고 예쁜 댓글과 '좋아요'를 많이 달아주는 팬들이 있다는 것은 채널을 운영하는 데 아주 큰 힘이 됩니다. 유튜브뿐만 아니라 다른 SNS를 통해 구독자들과 진정성 있는 소통으로 관계를 만들어가는 것이 좋습니다.

SNS 매체 활용하기

블로그, 페이스북, 카카오스토리, 인스타그램, 밴드, 카페 등 다양한 SNS 매체가 있습니다. 물론 모두 활용한다면 좋겠지만 그럴 수 없다면 유튜브 채널의 주제에 따라서, 목적에서 따라서 전략적으로 운영할 SNS 매체를 선택하는 것이 좋습니다.

ⓐ 블로그

블로그는 자세한 내용, 비하인드 스토리를 담기에 좋습니다. 하지만 사진과 글을 적어야 하기 때문에 에너지가 많이 듭니다. 유명한 유튜브 크리에이터 중에는 블로그를 함께 운영하는 사람들이 많이 있습니다. 유튜브가 인기가 많아지면 저절로 블로그도 성장하므로 영향력 있는 두 매체를 동시에 가질 수 있다는 장점이 있습니다. 블로그가 성장하면 네이버 등과 같은 포털 사이트에 검색이 잘 되어서 동영상 조회수에도 도움이 됩니다.

| 추천하는 채널 | 영상 외에 자세한 내용이 콘텐츠 예 교육 콘텐츠, 화장품 상세 리뷰, IT 등

▶블로그와 유튜브를 함께 운영하고 있는 '친절한혜강씨'의 블로그 화면(http://leehyekang.com)

❻ 카카오스토리

쉽게 영상만 공유한다면 카카오스토리를 함께 운영하면 좋습니다. 카카오스토리는 동영상을 공유했을 때 이미지가 크게 보이고, 카카오스토리 내에서 바로 재생하기가 좋아서 클릭률 역시 높은 편입니다. 또한 영상의 링크 공유와 간단한 글만 쓰면 되기 때문에 관리하기가 쉬워서 어떠한 주제의 채널이든 운영하기 편합니다.

▶'말이야와 친구들' 카카오스토리(https://ch.kakao.com/channels/@rrealization)

ⓒ 페이스북

페이스북에 유튜브 동영상을 링크로 공유할 경우 링크 형태 그대로 공유되면서 동영상 이미지가 작게 보여 클릭률이 떨어집니다. 페이스북을 같이 운영할 경우에는 유튜브 동영상을 링크로 공유하기보다는 동영상을 직접 올릴 경우 영상 클릭률이 올라갑니다. 하지만 동영상을 그대로 올릴 경우 유튜브로 유입이 되지 않기 때문에 하이라이트만 짧게 재편집하여 페이스북에 올리고, 전체 영상은 유튜브에서 볼 수 있게 유도할 수 있습니다. 동영상을 재편집해야 하는 두 번의 작업이 필요해 번거롭습니다. 하지만 페이스북 동영상의 경우 전파력이 매우 좋은 편이기 때문에 인지도를 높이기 위해서라면 같이 운영하기 좋은 매체입니다.

| 추천하는 채널 | 짧은 시간 안에 흥미를 끌 수 있는 영상 콘텐츠를 가진 채널

▶페이스북에 링크로 영상을 공유한 경우 – 영상 화면이 작음

245

▶페이스북에 영상을 바로 업로드한 경우 – 영상 화면이 큼

ⓓ 인스타그램

인스타그램은 사진 한 장으로 일상생활 등을 공유할 수 있어 관리가 편리합니다. 최근 인스타그램의 사용량이 많아지고 있습니다. 20~30대의 경우 유튜브보다는 인스타그램에 자주 들어가는 경향이 있기 때문에 해당 타켓층을 가진 유튜브 채널이라면, 인스타그램을 함께 운영했을 때 효과가 좋습니다. 간단한 공지나 영상이 업로드되었을 때 인스타그램을 통해 알릴 경우 인스타그램을 보고 유튜브로 가서 영상을 보는 사람들도 많기 때문입니다.

| 추천하는 채널 | 뷰티, 패션 등 개인이 브랜딩되어 있는 채널

▶인스타그램에 영상을 공유한 경우 – 영상 화면이 작음

이벤트, 기브어웨이(Give-away)

유튜브 운영을 하면서 팬들에게 고마움을 표시하기 위해서 직접 선물을 준비해서 주거나 기업 등에 후원을 받아 이벤트로 선물을 줄 수 있습니다. 이렇게 직접 준비한 선물을 통해 팬들과의 유대 관계를 가질 수 있고, 이벤트 응모 방법으로 ①구독 ②댓글 ③좋아요 ④공유 등을 추가할 경우 구독자가 늘어나기도 합니다.

유튜브는 영상의 인기가 많아질 경우 응모하는 인원도 많아집니다. '말이야와 친구들'의 경우도 이벤트를 하면 많게는 4천 명까지 응모하기도 합니다. 이 많은 인원에 대해서 몇 명의 당첨자를 뽑는 일도 쉽지 않습니다. 이럴 때 랜덤으로 이벤트 당첨자를 뽑는 방법도 있습니다.

▶이벤트로 2천 명 이상이 댓글로 참여한 영상(https://youtu.be/6bxSCmnpyJA)

01 댓글 분석할 동영상을 실행합니다. [공유]를 선택한 후 해당 주소를 Ctrl + C 를 눌러 해당 URL을 복사합니다.

02 'YouTube Random Comment Picker' 사이트에 접속한 후 [Enter YouTube Video URL] 입력란에 Ctrl + V 를 눌러 이벤트 영상의 주소를 붙여넣기한 후 Enter↵ 를 누르거나 [Load Comment]를 클릭합니다.

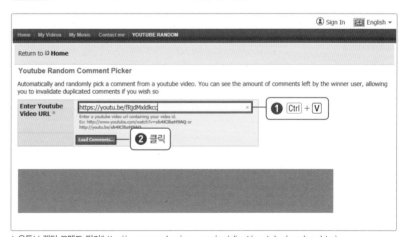

▶유튜브 랜덤 코멘트 픽커(http://www.sandracires.com/en/client/youtube/random.htm)

03 동영상의 댓글을 분석합니다. 중복된 댓글을 제외하고 사용자를 기준으로 필터링을 합니다. 분석은 댓글의 개수에 따라 시간이 달라질 수 있습니다. 분석이 완료되면 랜덤으로 당첨자를 뽑기 위해 [Randomly Pick Winner]를 선택합니다.

TIP+

[Pick the most liked recent comment]를 선택할 경우 가장 '좋아요'를 많이 받은 최신 댓글을 뽑을 수 있습니다.

04 랜덤으로 당첨자를 뽑고 해당 사용자의 댓글도 볼 수 있습니다. 다시 [Randomly Pick Winner]를 선택하면 다른 랜덤 당첨자를 뽑을 수 있습니다.

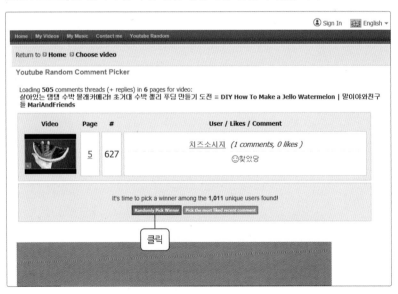

채널은 운영하다 보면 이벤트를 열 때가 있습니다. 이벤트 당첨자 발표를 영상으로 만들어서 발표해도 되긴 하지만, 동영상을 만드는 일은 글을 쓰는 것보다 시간이 더 오래 걸립니다. 동영상을 만들었다고 하여도 이벤트를 응모한 사람들과 일부만 보기 때문에 동영상의 조회수를 높이는 데도 한계가 있습니다. 이런 경우 이벤트 결과를 다른 SNS 매체에 발표하는 것도 좋습니다. '말이야와 친구들'에서 이벤트를 열 때는 당첨자 발표를 '인스타그램'에 한다고 별도로 안내를 합니다.

▶ 이벤트 영상에서 '인스타그램'으로 발표 안내(https://youtu.be/NnxcuTwwE4Q)

이벤트 당첨자를 발표할 때는 인스타그램을 통해 당첨자를 발표하면 글만 간단하게 쓰면 되기 때문에 기존 영상으로 발표했을 때와 비교해서 1시간 이상은 시간을 줄일 수 있습니다. 이벤트 당첨 결과를 보기 위해 인스타그램을 구독하는 사람들도 있어 구독자도 자연스럽게 늘어나기도 합니다.

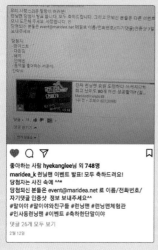

▶ 이벤트 영상에서 '인스타그램'으로 발표 안내

최근에 생긴 커뮤니티 탭을 이용하면 구독자들에게 쉽고 빠르게 당첨자를 발표하고 간단한 공지나 일상 등을 공유할 수 있게 되었습니다. 크리에이터가 게시물을 올리면 댓글 달기, 좋아요 표시, 설문조사 투표로 응답할 수 있습니다. 커뮤니티 게시물은 크리에이터 채널의 커뮤니티 탭에서 확인할 수 있으며 홈 피드 및 구독 피드에 표시됩니다. 커뮤니티는 아직 베타 버전이며 다양한 시청자층을 대상으로 테스트를 진행하고 있습니다.

커뮤니티 기능은 일정 구독자 수를 넘어야 사용할 수 있습니다. 구독자 수가 충분하더라도 영상 주제에 따라 생기지 않을 수 있으며 만약 기능이 활성화되었다면 매우 유용한 기능이니 자주 활용하면 좋습니다.

▶커뮤니티 기능으로 이벤트 당첨자를 발표

구글 애드워즈로 광고 집행하는 방법

일반적으로는 기업이 '애드워즈'를 통해 광고비를 지급하고 해당 광고비에 대한 수익을 유튜브와 크리에이터가 공유합니다. 크리에이터 역시 애드워즈를 통해 비용을 지급하고 본인의 동영상을 홍보할 수 있습니다.

유튜브 동영상을 홍보하고 싶다면 '애드워즈(https://adwords.google.com)'를 통해 광고비를 지불하고 광고를 집행할 수 있습니다. 기업에서 광고를 집행하는 경우도 있지만, 개인이 본인 채널의 영상을 광고하여 채널 홍보에 활용하기도 합니다. 하지만 투자했던 금액만큼 기대했던 효과가 나타나지 않을 수도 있으므로 소액의 금액으로 테스트한 후 성과를 보고 진행하길 바랍니다.

무작정 따라하기 27 　애드워즈로 광고 홍보하기

01 　유튜브의 [크리에이터 스튜디오]의 [동영상 관리자]-[동영상]에서 홍보할 영상의 '수정'의 내림 단추(▼)를 클릭한 후 [홍보하기]를 선택합니다.

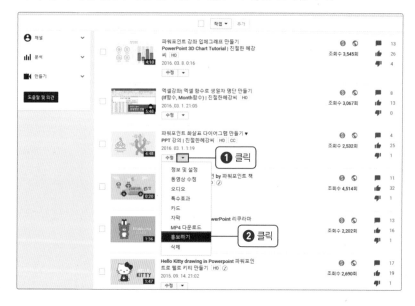

02 동영상 홍보 관련 화면이 나타나면 [동영상 홍보]를 선택합니다.

03 ⓐ [예산]은 [캠페인 예산]과 [일일 예산]에서 선택할 수 있습니다. [캠페인 예산]을 선택하면 14일간 광고를 집행할 총 금액을 지정할 수 있습니다. 통화 단위 선택이 가능하며, 금액을 직접 입력할 수 있습니다. [일일 예산]을 선택하면 입력한 금액은 일 단위로 집행할 예산 금액이 됩니다.

ⓑ [잠재고객]에서 [모든 사용자]를 선택할 시 유튜브에서 시청자의 패턴을 파악한 후 광고를 노출시킵니다. [내 광고를 표시할 대상 직접 선택]을 선택하면 세부적으로 [위치]와 [관심 분야]를 선택할 수 있습니다. 참고로 미국과 같이 광고 단가가 높은 국가를 선택할 시에는 1회 노출되기 위하여 많은 예산을 소비할 수도 있습니다. 만약 조회수 자체를 높이고 싶다면 아직 광고 시장이 발달하지 않은 동남아시아쪽을 겨냥해 보는 것도 좋은 방법입니다. 설정을 완료했다면 [다음 단계]를 클릭합니다.

253

04 [광고 제목], [내용 입력란 1], [내용 입력란 2]를 입력하고 [미리보기 이미지]를 선택한 후 [다음단계]를 선택합니다.

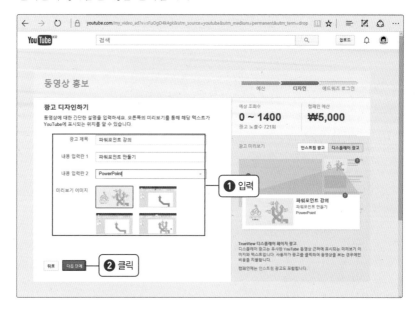

05 [애드워즈에 로그인]을 선택한 후 애드워즈 계정이 있다면 로그인하고, 없다면 회원 가입 후 로그인합니다.

06 애드워즈 사이트로 이동하게 되며 내용에 문제가 없다면 [캠페인 생성 및 실행]을 선택하여 광고 집행을 진행합니다. 광고 집행 전에 적합 여부 확인 후 광고가 집행됩니다.

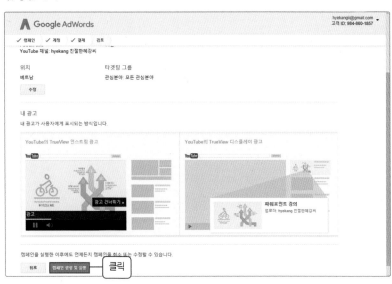

애드워즈를 통한 광고 효과 측정

광고를 통해 발생한 조회수는 애드워즈 사이트(http://adwords.google.com)의 홈 화면에서 집행한 예산과 그 실적을 확인할 수 있습니다. 아래 화면을 살펴보면 필자가 집행한 광고의 비용은 총 486원이며 그로 인한 노출 수는 148회임을 알 수 있습니다.